北方民族大学商学院博士文库

本成果受到"宁夏回族自治区'十三五'重点

U0592713

"凯歌公司"

真正摘帽公司的认定及其判别因素研究

A Study on Promising Companies and its
Discriminant Factors on the Base of
Influencing Factors of ST Company in China

李志坚 ◎著

经济管理出版社
ECONOMY & MANAGEMENT PUBLISHING HOUSE

图书在版编目（CIP）数据

"凯歌公司"：真正摘帽公司的认定及其判别因素研究/李志坚著. —北京：经济管理出版社，2016.10

ISBN 978-7-5096-4555-0

Ⅰ.①凯…　Ⅱ.①李…　Ⅲ.①股份公司—企业管理—研究—中国　Ⅳ.①F279.246

中国版本图书馆 CIP 数据核字（2016）第 204104 号

组稿编辑：杨国强
责任编辑：杨国强　张瑞军
责任印制：黄章平

出版发行：经济管理出版社
　　　　　（北京市海淀区北蜂窝 8 号中雅大厦 A 座 11 层　100038）
网　　址：www. E-mp. com. cn
电　　话：（010）51915602
印　　刷：北京九州迅驰传媒文化有限公司
经　　销：新华书店
开　　本：720mm×1000mm/16
印　　张：10.75
字　　数：160 千字
版　　次：2016 年 11 月第 1 版　　2016 年 11 月第 1 次印刷
书　　号：ISBN 978-7-5096-4555-0
定　　价：48.00 元

序

博士学位论文是学生进入社会，进入其更高层次职业生涯最好的身份证明。我们可以通过了解每一篇博士学位论文了解得到学位的那些博士们的所见和所想，甚至于眺望其可做和可得的未来。

本书以怎样识别我国资本市场被特殊处理的公司，即 ST 公司为主要线索，对我国资本市场中的这种特别的组成要素进行了透彻、深刻的分析。本书采用在会计学博士论文中极为流行的"全实证"方法写成，对中国特有的这一问题进行了具有独特意义的开创性探讨。将本书与一些单纯将国外的研究"带进"中国的书籍相比，或者是与只是陈述道理，依靠逻辑和论据解决问题的传统图书相比，本书确实可以被确认为：既有一定的理论深度，又有很强的实际应用价值，既有理论意义，又有现实意义。

从本书最基本的着眼点看，本书用于实证的样本群，以"厚德"的"包容"，给各位读者展现了已成为中国资本市场弱势地位的 ST 公司群体，难道都以无情的方式将它们逐出证券市场吗？从本书的最基本要素，即本书的变量设置看，各个变量均有着较强的来自于中国的乡土气息，乃至于公司所处的行业状况及其地区的富裕程度。这样的分析具有中国特色，能够针对中国至今仍存有的弊端以中肯地抨击。文章虽然是针对中国资本市场的弱势群体而写，却促使遇到困难公司看到自身的优势、找出本身已具备但尚未发挥出的力量，希望的是在无情的竞争中多留下几个曾经辉煌的同路，给处于困难征途中的掉队者多增加一些正能量。总之，我认为本书的选题忠厚却有力，含蓄而刚强，应当属于我国研究资本市场的填补空白之作。

对书中的一些内容，比如，对经历过 ST 困扰的公司，在脱身之后冠以"凯歌"之名，也是本书主题的一种具启示性的体现。即公司在困难的时候，要经人点拨，看到自身的长处，找回自己的力量，这样，在其他各方识别"凯歌公司"的同时，这些公司也会经过奋斗而真正改变自身所处的不利地位。公司在经营过程中会经常遇到困难，只不过是困难有大有小，低潮时期有短有长，我们的企业界人士应当从李志坚博士的书中汲取力量，即使是公司遇到困难也能从容对待，时时把企业的凯歌奏响。

李志坚博士在西北长大，在获得博士学位后，离开我国最美的海滨城市再回西北任教，这也使作为他博士指导教师的我对他再添敬意！我真的希望李志坚博士能够对已经展开的画卷继续描绘下去，以他辛勤的工作在我国西北再结出累累硕果。

中国人民大学博士生导师

耿建新

2016 年 4 月 21 日于北京家中

前言

　　我国股票特别处理制度（以下简称"ST 制度"）是对股票的退市风险和其他风险的一种警示机制，是尽可能为保护投资者利益而在退市机制前一个环节设计的风险标示制度，是我国股市特有的制度设计。ST 制度是按照"异常—风险—投资者权益可能受损—特别处理"的逻辑思路设计的，因此，有关异常的认定标准就成为影响 ST 制度运行效果的关键因素。我国 ST 公司主要围绕着"两年连续亏损"这个"异常"认定标准，而公司亏损的原因是复杂多样的，这就形成了 ST 认定标准的简单"粗糙"和公司亏损原因复杂多样之间的矛盾。实践中，这种矛盾会使 ST 制度的运行形成这样的偏差：一些有发展前途和投资价值的公司被标示为 ST 公司，这不利于"保护投资者权益"这个终极目标的实现。因此，对已摘帽的"一进宫" ST 公司进行进一步细分，以从中界定出那些盈利稳定性表现较好的一类公司（本书将此类公司命名为"凯歌公司"），从 ST 公司中寻找有助于保护投资者权益的"正能量"和积极因素以纠正 ST 制度运行产生的偏差，对那些摘帽后再也不被特别处理的"凯歌公司"及判别因素进行研究就变得很有必要。

　　我国学者大多将上市公司股票特别处理看作是公司陷入财务困境的标志性事件而加以研究，但这些研究，都很少关注 ST 认定标准的单一性与亏损原因复杂多样性之间的矛盾，对于造成上市公司股票特别处理的实质性影响因素（行业特点、公司特点和产品特点）研究还远远不够，继而对于摘帽后不会再被特别处理的"凯歌公司"的特点及其判别因素还不清楚。进一步说，已有的研究对下列问题还欠缺一个系统的回答：为什么有的公司会被 ST；为什么有的公司先后两次甚至于三次被 ST（即"二进宫"和"三进宫"）；如何判断 ST 公司的摘帽是真摘帽还是假摘帽；在已摘帽的 ST 公司中如何界定出不会再被 ST 的"凯歌公司"；我们是否可以在 ST 公司摘帽之时便捕捉到"凯歌公司"的信号以将其与一般 ST 摘帽公司加以区分和判别；等等。

正是沿着这样的设想和思路，本书以我国股票市场 ST 公司为对象，在 ST 公司影响因素分析和 ST 公司进一步细分的基础上，对摘帽后不再被特别处理的"凯歌公司"及其判别相关因素进行研究，并总结出"凯歌公司"的一般特征。

基于上述考虑，本书的具体内容安排如下。

第一章介绍本书的选题背景、选题意义、研究方法和创新点。

第二章梳理 ST 制度的变迁，并进行文献综述。

第三章是研究方案设计。本章在第二章和理论分析的基础上，综合运用战略、营销等管理学基本理论，从行业特点、产品特点和公司特点三个方面确定实证研究的自变量，构建实证模型，并提出假设。

第四章是 ST 公司影响因素分析。基于第三章的研究方案设计，本章首先对 ST 公司的财务特征做出评价；其次通过构建 Logit 模型对 ST 公司的影响因素进行实证检验，实证结果表明，ST 公司受毛利率、实际控制人性质、董监高人数比例、董事长与总经理的兼任情况和人均负债等因素的显著影响；最后通过对 ST 公司面临的被特别处理的压力和动机分析，对"凯歌公司"存在的可能性进行了描述。

第五章是"凯歌公司"的判别因素研究。本章以第四章的分析为基础从三个方面展开。首先从盈利稳定性角度对 ST 已摘帽公司进一步细分并对"凯歌公司"做出具体界定，结论表明，"凯歌公司"是盈利稳定性指标在 ST 已摘帽公司中居于前列的公司。也就是说，"凯歌公司"的选定是在综合考虑盈利能力及其波动性两个因素之后从 ST 已摘帽公司中挑选出来的一类在盈利稳定性方面较"好"的公司。其次对"凯歌公司"的特征进行描述性统计。最后通过构建 Logit 模型分析"凯歌公司"判别因素。这个分析先从影响"凯歌公司"形成的财务因素进行，再从非财务因素角度对"凯歌公司"判别因素进行分析。

　　第六章是本书的研究结论，并阐述了研究的局限性和未来研究方向。

　　本书是国内迄今为止较早对 ST 公司进行进一步细分并提出"凯歌公司"这一说法及具体认定标准的书籍，也是较为全面地对"凯歌公司"判别因素进行研究的书籍。本书的主要创新之处表现在三个方面。首先，本书提出了"凯歌公司"这一说法和具体的认定标准。其次，本书运用 Logit 回归分析方法分析了"凯歌公司"判别的影响因素，此研究结果为投资者扩大投资对象优选范围和优化投资决策提供了一定的参考。最后，本书对股票 ST 公司影响因素的研究拓展到行业特性、产品特性和公司特性等实质性因素，不再只从财务指标等"表征因素"的层面进行分析，研究结果为监管方提高监管效果和效率，提升监管水平以更好地保护投资者权益提出了建议。

　　本书的成稿，首先要感谢我的授业恩师耿建新教授！有缘成为导师的一名弟子，跟着导师学做人、学做学问、学会独立思考！先生带我领略了无比精彩的学术思想碰撞，更是在那反反复复的文稿修改中让我体会到文字所拥有的精彩绝伦的表达魅力。我的博士论文从选题、构思到整体结构搭建中的每一个阶段、每一个细节、每一个关键点，处处凝聚着先生的心血，都无不体现出他对研究问题敏锐的洞察和深邃的思考。感谢我的师母郑德香老师！多少次，是师母的鼓励，让我能够坚定信心，鼓起勇气，向着目标前进。其次，感谢中国人民大学会计系所有老师！感谢北方民族大学商学院的领导！因为你们的理解和无私支持，才会有这本书的顺利出版！最后，感谢我的母亲，是您的教诲让我内心坚定！感谢我的家庭和朋友！你们给了我最坚强的依靠，让我永远敢于接受挑战。

　　由于水平有限，编写时间仓促，书中错误和不足之处在所难免，恳请广大读者批评指正。

目 录

第一章　绪论

第一节　选题背景

　　长期以来，对投资者权益的保护始终是我国股市制度设计最根本的出发点之一。从投资者角度说，由于在退市或"摘牌"前后，上市公司的股价通常会有较大反应，但这种反应往往不是集中于正式宣告之时，而是在存在退市风险、相关传闻流传之时，因此，将上市公司退市风险的前期揭示对保护投资者权益不受侵害就显得尤为重要。这样，需要对发生异常公司的股票进行某种标记以警示投资者。股票的特别处理制度（ST 制度，下同）在这一背景下出台。

　　ST 制度与退市标准、交易安排及相关配套制度一起构成了股票市场的退市制度。1998 年，证监会要求对存在异常状况的上市公司股票进行股票特别处理，实行 ST 制度，深沪交易所制定的《上市规则》既是该制度的具体表现，也是我国《公司法》和《证券法》关于股票暂停上市在部门规章层次的具体延伸。我国从 1998 年开始实行股票的 ST 制度，在 2003 年实行股票退市风险警示 ST 制度，2012 年取消"特别处理"说法并以"风险警示"代替，在这个过程中，交易所制定的《上市规则》经过多达 7 次的修改和完善。可以说,我国的 ST 制度在经过"特别处理—退市风险警示—风险警示"三个阶段的发展后,对股票特别处理术语的变化反映出人们尤其是监管方对 ST 制度的认识、相关概念和逻辑思路日趋完善。

公司退市对于投资者来说是存在风险的。如何使退市带来的损失降低,是促进退市机制顺利实施的重要环节。公司存在退市风险或进入退市阶段时,需要有不同于公司正常退市的风险揭示形式:日本交易所设立"监管板块"并实行另板交易;韩国 KOSDAQ 市场则是将公司的股票区分为"投资留意对象"或"重点监管对象";我国主要通过在特别处理的股票名称前加"ST"标记的方式进行警示以有别于处于正常经营状态的企业,从而提醒投资者注意风险,审慎采取投资措施。

综上所述,从 ST 的定义看,我国的 ST 制度设计遵从了"异常—风险—投资者权益可能受到损害—特别处理"逻辑思路,这决定了对"异常"的评价依据成为影响 ST 制度运行好坏的关键因素。从股市监管层面讲,我国股票 ST 制度是我国上市公司退市前对股票的退市风险和其他风险进行预警的警示机制,是为保护投资者利益在退市机制的前一个环节单独设计的风险标示制度,是我国特有的股市制度设计。从上市公司角度讲,在这个制度的影响下,对那些估计会陷入"两年连续亏损"、"所有者权益为负"等股票特别处理认定标准的"理性"公司而言,会提前进行包括盈余管理、资产重组等"布局",从整体上进行制度博弈,将因股票特别处理所造成的不利影响降至最低水平。因此,从制度博弈的结果看,上市公司股票特别处理是这种"理性"的上市公司在穷尽其所能后的一种自然而然的无奈结局。从 1998 年 ST 制度开始运行至 2013 年末,我国累计有 493 家公司被特别处理,其中,有 352 家上市公司属于"一进宫"公司,有 66 家属于"二进宫"公司,有 2 家为"三进宫"公司,另外,还有 73 家公司退市。值得关注的是,在 493 家公司所形成的 543 家次 ST 事项中有 75% 的比例是因为两年连续亏损。

因此,证监会、交易所等监管方和上市公司等被监管方在股票特别处理制度及《上市规则》之下进行博弈。在此背景下,我国学者大多将上市公司股票特别处理看作是公司陷入财务困境的标志性事件而加以研究，相关的研究话题涉及 ST 公司的亏损原因分析、财务特征分析、财务困境预测、公司盈余管理、市场反应、摘帽方法以及股票 ST 制度评价等方面。可以说，在我国 ST 制度下的 ST 公司运行大背景下，已有的研究描绘出了当时的学术发展轨迹，反映出在当前制度环境下的学术思辨和学术智慧水平。但在研读这些文章后发现，以往对特别处理或风险警示制度的研究，无论从截面研究角度还是从时间序列角度，都只是风险警示制度完善过程中的一个片段而已，受到较强的制度约束而具有明显的时代烙印，其研究结论和观点因此显得不能令人信服。

1998 年以来，我国对 ST 公司的认定和评价依据始终围绕着"连续两年亏损"这个"异常"，而关于公司亏损的原因是复杂多样的，这就形成了 ST 制度的简单甚至"粗暴"和公司亏损原因的复杂多样性之间的矛盾。换句话说，是 ST 评价依据的单一性与公司亏损原因的复杂性之间的矛盾，这个矛盾形成了实践中的两种结果：一是一些有前途的、有一定投资价值的公司被标示为 ST 公司；二是由于利润的可操纵性而导致一些有投资风险的公司规避风险标示，而两种结果都不利于"保护投资者权益不受损害"这个终极目标的实现。2012 年 7 月修订后的《上市规则》和 2012 年 12 月《关于发布退市配套业务规则的通知》中设立风险警示板的决定是一次承上启下的制度性总结。因此，对 2003~2012 年期间的特别处理或风险警示股票进行有关上述问题的深入研究和总结就具有重要的意义。

第二节　选题意义

从 1998 年实行上市公司股票 ST 制度以来，截至 2013 年末，我国累计有 493 家公司被特别处理，其中，有 352 家上市公司属于"一进宫"公司，有 66 家属于"二进宫"公司，有 2 家为"三进宫"公司，另外，还有 73 家公司退市。在此期间，股票 ST 制度经历了"特别处理—退市风险警示—风险警示"三个阶段的发展后日趋完善，我国学者对 ST 公司的关注未见减少，其研究热情从未熄灭，研究的范围涉及面广，其中既有理论的分析，也有实证的检验。

基于与富有经验的专家学者、资深股市操盘人员的交流和访谈，本书认为既有的关于股票 ST 相关问题的研究存在如下两大特点：第一，人们始终对涉及股票 ST 的实质性影响因素的研究讳莫如深，少有较深层次和较全面的探讨；第二，在众多的"一进宫"且已经摘帽的 ST 公司中存在着一些盈利能力强、盈利波动性小的公司，这类公司最大的特点是它属于"一进宫"公司且其盈利稳定性表现较好，其在摘帽之时（实际从摘帽前一年）便奏起回归正常公司的凯歌，因此，本书对"一进宫" ST 公司进行了进一步细分并正式将此类公司命名为"凯歌公司"。关于凯歌公司的认定、特征及判别因素的研究在既有文献中鲜有涉及和讨论。

综上所述，在 ST 公司形成影响因素分析的基础上，本书以凯歌公司判别因素的研究为核心，采用定性与定量分析、规范与实证分析相结合的方法研究问题，具有重要的理论和现实意义。

一、提供一个新的研究视角，丰富研究内容

我国学者对上市公司特别处理的研究涉及 ST 制度的合理性、财务困境预警预测、ST 公司财务特征、ST 公司盈余管理、市场反应及摘帽方法等方面，这种研究暗含着一种假设，即被特别处理的上市公司都是存在财务困境或者有退市风险的"异常"公司。但无法否认，在 493 家被特别处理的上市公司，尤其是在 311 家"一进宫"且已经摘帽的 ST 公司中，有一部分公司属于盈利能力和营运能力较强、盈利波动性较小、摘帽后不再被 ST 的"凯歌公司"。那么，如何界定这类公司，这类公司有什么特点等，都需要从一个全新的视角思考。对这个新话题的分析与研究，无论对监管方，还是对投资者说，都是具有现实意义的。

二、提高监管水平，完善风险警示制度

股票 ST 公司是 ST 制度（或风险警示制度）的产物。而对 ST 公司实质性影响因素的研究有助于监管者发现、理解并掌握"异常—可能损害—风险警示"之间的内在关系，从而完善我国的风险警示制度。从国际范围看，境外市场的退市标准多围绕于上市公司的持续经营能力、运作是否正常以及市场或投资者的反应等指标；美国纽交所和 NASDAQ 市场、韩国 KSE 以及日本 Mothers 市场都含有股价标准；我国交易所 2012 年 7 月版的《上市规则》，对财务状况异常的认定标准中加入了收入规模因素，也是对 ST 影响因素认识的进一步加深而进行的一项完善举措。因此，以凯歌公司的认定及其判别因素的研究为对象，对 ST 公司实质性影响因素的研究是一个伴随着股市发展而不断完善的学习过程，这个学习过程对完善我国股票的风险警示制度具有重要意义。

对"凯歌公司"特征及其判别因素的研究成果，对监管方讲，可以提升对刚性的 ST 制度所规范下的利益相关方的各方博弈的规律性的认识，进而加深对"财务状况异常"或"其他异常"背后的规律性的认识，提高监管水平并最终完善风险警示制度。

三、提高投资者决策水平，保护投资者权益不受损害

对投资者尤其是中小投资者权益的保护是健康资本市场良性发展的标志，而提高投资者决策水平又是保护资本市场投资者权益不受损害，维护我国证券市场长期稳定、健康发展的需要。

从投资者角度，如何发现投资机会，确定目标投资公司是一个重要的任务。而从普遍被认为是陷入财务困境的股票 ST 公司中发掘投资机会并确定投资对象看起来更是难上加难的事情。

本书采用定性分析方法对退市风险警示的逻辑和 ST 公司面对特别处理的动机及压力进行了分析说明，有助于投资者从更高的制度层面理解 ST 制度的设计初衷及其运行后果，更有助于投资者利用本书的研究成果从众

多上市公司甚至于 ST 且已摘帽公司中"沙里淘金",判断并识别凯歌公司及其"凯歌信号"。

第三节 研究问题的界定

本书拟从 ST 已摘帽公司中认定的"凯歌公司"为研究对象,研究 ST 公司形成及"凯歌公司"判别因素问题。这里的 ST 公司,指 1998~2013 年被 ST 或风险警示的 A 股上市公司。本书对 ST 公司影响因素的探讨,将通过对 ST 公司的财务特征入手,采用类似于"问症而诊"的诊病方法逐渐深入,最终对影响 ST 公司的实质性因素进行判断与甄别;然后,从已摘帽公司中界定出"凯歌公司"并对此类公司形成的影响因素进行分析,以期发现判别凯歌公司的"凯歌信号"。

第四节 研究方法

从上述选题背景、意义和文章的层次安排等的描述中可以知道,本书将从不同层面采用多个视角论述和研究问题,主要包括以下方法的综合运用。

一、跨学科研究法

对 ST 影响因素以及摘帽方法的研究,不应仅仅从 ST 公司一个角度看待。如上所述,由于"理性"的上市公司、申请 IPO 的公司、投资者以及监管层等利害关系人之间的博弈关系，使得对该问题的研究已经超越了任何一个单独学科的研究范围。因此，本书在探讨研究框架时，同时运用了博弈论、营销学、制度经济学等相关理论，在综合运用这些学科基本理论的基础上，从理论和实证两个方面对研究问题展开论述。

二、定性与定量分析方法相结合，以定量分析方法为主

从本书的整体框架看，本书的主体部分：第三章对文章的研究方案进行了总体设计；第四章首先对 ST 公司的财务特征进行分析，以期对后续的分析所采用的变量进行探究和筛选，然后对 ST 公司形成影响因素进行了分析，并通过对 ST 公司面对 ST 威胁的动机和压力进行分析，对凯歌公司存在的可能性进行了研究和分析；第五章围绕凯歌公司的认定、财务特征及其判别因素进行分析。第四章和第五章是按照实证研究的规范格式设计的，但对这些章节展开更进一步的论述时，采用了定性分析与定量分析相结合的方法，首先从相关学科的基本理论出发探讨 ST 公司形成和凯歌公司判别的影响因素，其次在此基础上选定研究变量、设计理论模型和提出假设，最后分别对上述问题进行实证分析。因此，定性分析与定量分析相结合的研究策略，最终使得本书得出的相关结论具有一定的"生命力"，经得起实践的检验。

三、规范研究与经验研究方法的结合

本书对主体部分的推理和论述，同时也是规范研究方法和检验研究方法的具体综合运用。由于本书从 ST 公司形成影响因素分析基础上的凯歌公司判别因素研究所选择的变量，更多的是从富有股市指导经验的学者、股市操盘手、管理层以及市场营销人员的访谈交流中找到素材和依据，已经不再局限于以往研究所主要依赖的财务指标的范畴，这样，在确定了凯歌公司判别因素即自变量后，运用相关数据进行实证分析，然后针对实证分析的结果形成基本判断，提出相应的政策建议。因此，规范研究和检验研究方法在本书的结合应用，使得本书的结论更加全面、严谨和富有生命力。

第五节　本书的主要内容和结构安排

一、本书的主要内容

对上市公司的股票 ST 形成及凯歌公司判别因素的研究，使得我国学术界对上市公司财务困境的研究多了一个更为清晰的可量化的研究对象。本书运用"问症而诊"的方法，通过现象看本质，对 ST 公司形成影响因素的探寻和研究是本书所期望解决的基础问题，旨在通过对影响因素的研究引申出对凯歌公司进行研究的必要性。本书的第二个主要问题是凯歌公司的认定及其判别因素分析，通过对凯歌公司进行描述性统计及该类公司形成的影响因素的研究，一是可以从众多 ST 已摘帽公司中对凯歌公司加以认定；二是对凯歌公司形成的影响因素进行研究，以期从中发现判别 ST 已摘帽公司是否可成为凯歌公司的重要"信号"。

二、本书的结构安排

基于研究的主要内容，本书的逻辑思路如图 1–1 所示。

根据这一逻辑思路，本书的结构具体安排如下：

第一章是绪论。该章介绍本书的选题背景、选题意义、研究问题的界定、研究的主要内容与结构安排、研究方法和创新点。

第二章是 ST 制度变迁及文献综述。本章首先对 ST 制度的缘起、实施和发展变迁等过程中的关键时点及其特征进行了总结，总结出 ST 制度变迁的"特别处理（1998 年）—退市风险警示（2003 年）—风险警示（2012年）"三个重要节点，同时，对 ST 制度在我国股票市场的具体实施情况进行了分析和说明，以方便本书从总体上把握分析的方向和视角。然后从研究问题的界定、ST制度及其后果的研究、ST的原因、影响因素等方面，对国内外当前这些问题的研究现状、学术观点、既有研究成果和争论的焦点进行归纳和整理，力求在此基础上发现问题并加深对研究问题的理解和掌控，有助于最后提出本书的选题方向和相应的研究思路。

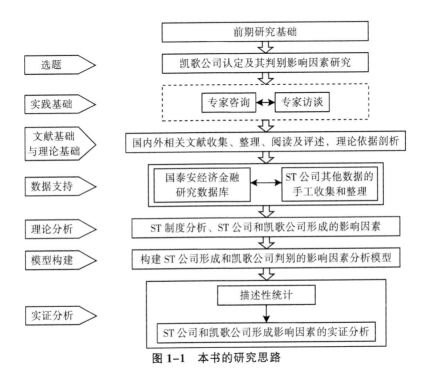

图1-1　本书的研究思路

　　第三章是研究方案设计。围绕着本书所要解决的两大问题，本章通过对影响ST公司及凯歌公司判别的相关行业因素、公司因素和产品因素三大方面进行分析，确定出自变量和因变量，同时提出研究假设并构建出ST公司和凯歌公司判别的影响因素具体模型。

　　第四章是ST公司影响因素的分析。首先，对ST公司财务特征的分析。本章是"问症而诊"的一般问题研究方法的具体应用，力求通过对ST公司的主要报表项目和相关财务指标，从盈利能力、营运能力、成长性和偿债能力等方面进行ST"表征"因素的分析。可以说，这个分析以有助于发现更深层次的实质性因素为目标，是展开后续章节的基础和解决问题的初步尝试，为后期的实证分析做好铺垫和准备。其次，在研究方案设计的基础上，利用模型进行 ST 公司实质性影响因素的实证分析，并采用线性概率模型进行判别分析以计算两类错误的大小，对模型的验证效果进行检验。最后，对 ST 公司面对 ST 威胁的动机和压力进行分析，研究凯歌公司存在的可能性，为下一章凯歌公司判别的影响因素研究打下基础。

第五章是凯歌公司判别因素的研究。本章在第四章的基础上，首先，明确了凯歌公司的认定标准和确定程序；其次，对凯歌公司的财务特征进行描述性统计；最后，对凯歌公司判别的影响因素进行了实证分析。

第六章是研究结论、局限性和未来研究方向。由于前两章的实证分析所选择的自变量是通过比较严谨的逻辑推理、访谈等方式得到，所采用的数据均来自上市公司所公开披露的数据，因此，在前述各章分析和论证的基础上，总结本书的研究发现，指出本书研究的局限性和未来研究方向。

本书的上述具体结构如图 1-2 所示。

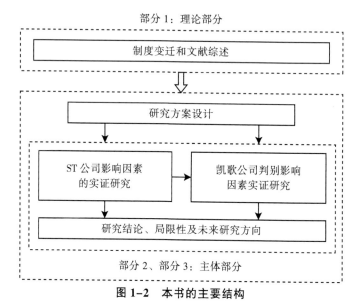

图 1-2　本书的主要结构

第六节　本书的创新点

本书是国内迄今为止较早对 ST 公司进行进一步细分并提出"凯歌公司"这一说法及具体认定标准的学术著作，也是较为全面地对凯歌公司判别因素进行研究的学术著作。与既有的同一领域类似问题的研究相比，本书拟完成的创新主要体现在以下三个方面。

第一，提出了"凯歌公司"这一说法，界定了此类公司的认定标准，并对此类公司进行判别的影响因素进行了实证分析。由于股票 ST 制度对"财务异常"或"其他异常"的认定将"连续两年亏损"作为一个重要的刚性标准加以操作，但两年连续亏损不仅对上市公司的盈利能力提出了要求，也对其盈余的稳定性和利润平滑提出了要求，因此，本书通过盈利稳定性指标对这两点进行了综合反映，由此认定出相应的凯歌公司，最后对此类公司的判别因素进行了实证分析。因此，在本书中，凯歌公司的认定及其判别因素的研究成为本书的最大创新点。

第二，将对股票 ST 公司影响因素的研究拓展到行业特性、产品特性和公司特性等实质性因素，不再只从财务指标等"表征因素"的层面进行分析。我们知道，包括财务指标信息在内的财务会计信息是会计主体在经历参与各种交易或事项后的信息结果，因此，这个信息也是一种"表征因素"或"症状"表现。本书的分析采用"问症而诊"的方法，透过现象看本质，从 ST 公司的内因、外因及其相互关系来寻找 ST 公司的影响因素。具体来说，从 ST 公司所在的行业特性、ST 公司的产品特性及其公司特性三方面入手，确定出 ST 公司的实质性影响因素。

第三，将对凯歌公司判别因素及 ST 公司形成影响因素的研究建立在监管方、ST 公司和投资者等利益相关方相互博弈的基础上，从 ST 公司面对特别处理的动机和压力分析的角度提出凯歌公司存在的可能性。相对于既有的研究多从利益相关方的某一方的角度进行分析，而对"理性"各方在共同的 ST 制度约束下的博弈行为分析较少，本书在对 ST 公司影响因素的研究中首先对"理性的"ST 公司面对特别处理的动机和压力以及可能的博弈行为进行理论分析，从总体上可以更好地把握对影响因素的选择。

第二章 ST 制度变迁与文献综述

第一节 制度变迁

从 1998 年我国实行 ST 制度以来到 2013 年底，我国股市经历了由小到大、由弱到强的一个大发展历程。与此同时，我国股市也体现出了所谓的"中国特色"，其中，最有话题价值的就是中国经济的发展很"牛"与中国股市的发展很"熊"这两者间很有意思的对比。探究其背后，原因不可谓不多，但谁也无法否认我国股票市场难进难出所导致的珍贵的"壳"资源现象、低造假成本、包装上市和对中小投资者保护不够等不良现象与"失当"的制度和政策相关。那么，对于特别处理的研究，首先应该从 ST 制度的研究开始。

我们注意到，已有的对特别处理或财务困境的研究或多或少地忽略了对 ST 制度及其变迁的研究，导致研究仅依赖于一些财务和市场指标，而从更高的角度来看，这些指标仅仅是相关制度或股市大环境的一个必然结果。因此，是通过制度或政策变迁研究指标，还是通过指标来研究制度或政策，是方法论的问题。这样的研究始终不应脱离我国资本市场相关制度（包括政策、会计准则等）的变迁与发展，在这个大背景下，进行股票特别处理的相关研究并借鉴西方发达国家较为成熟的资本市场的相关制度，对达到本书的目的来讲，变得很有意义。

一、ST 制度的缘起

"诸法由因缘而起。"简单地说，就是一切事物或一切现象的生起都是相对的互存关系和条件，离开关系和条件，就不能生起任何一个事物或现象。我国的退市风险警示制度的产生、发展并完善，也是如此。

长期以来，由于我国上市公司 IPO 成本和难度一直居高不下，面对上市后增资扩股带来的诱人的筹资机会，上市公司"壳资源"的经济价值愈发显现，水涨船高。同时，"摘牌"或退市成为代价昂贵的一种退出办法，加上"壳资源"的巨大价值使得绩差股面临众多的投机机会。另外，由于公司在退市前后股价通常会有较大反应，但是股价的反应往往不是集中于正式宣告公司退市之时，而是在存在退市风险、相关传闻流传之时，因此，退市风险的前期揭示尤为重要。

这样，根据经济学"路径依赖"原理，为了抑制对绩差股的过度投机，需要对发生异常的这一类公司的股票简称进行某种标记，以警示投资者，保护投资者权益。退市风险警示制度在这一背景下出台。

我国证券市场的退市风险警示制度，由 ST 制度演变而来，与退市标准、交易安排等其他配套制度一起构成了我国股票市场的退市制度。1998年，深沪两地交易所《上市规则》规定，上市公司出现财务状况或其他状况异常，导致投资者难以判断公司前景，权益可能受到损害的，交易所有权对该公司股票交易实行特别处理。2003年，证监会引入退市风险警示制度，对存在股票终止上市风险的公司股票交易实行警示，特别处理分为退市风险警示特别处理（*ST）和其他特别处理两种情况。2004年，完善了特别处理的概念，强调了股票的退市风险，即"上市公司出现财务状况异常或者其他异常情况，导致其股票存在被终止上市的风险，或者投资者难以判断公司前景，投资权益可能受到损害"。

根据深沪交易所对退市风险警示制度的定义，我国的退市风险警示遵从了"异常—风险—可能受到损害"逻辑思路和"异常即风险"的风险观（见图2-1），这决定了退市风险警示中对异常的确认标准的认定成为影响风险警示制度运行好坏的关键因素。

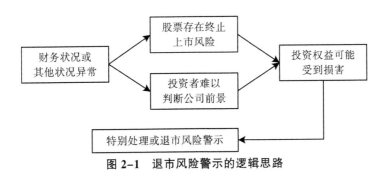

图2-1　退市风险警示的逻辑思路

二、ST制度变迁

1998年3月16日，证监会发布《关于上市公司状况异常期间的股票特别处理方式的通知》，规定对状况异常的上市公司股票交易实行特别处理，并要求：于特别处理前进行公告；日涨跌幅限制为5%；在特别处理的股票名称前加"ST"标记以及另设专栏刊登特别处理股票行情。这一通知拉开了特别处理制度在我国A股市场实施的序幕。从法律层级讲，《公司法》和《证券法》中关于股票暂停上市的规定是证监会和交易所发布相应ST制度（本书中，退市风险警示制度都统称为ST制度）的法律层面的依据，也是从1998~2012年来相应ST制度做出相应修改的法律依据。从证监会作为政府监管机构讲，我国的ST制度先是由中国证监会这一政府监管机构制定相应规章，而后由交易所制定相应的《上市规则》，1998~2012年，《上市规则》进行了多达7次的修改和完善。

纵观制度的变迁和发展，我国的ST制度，在1998年开始实行之后，主要经历了如下几个时间节点：第一，2003年5月，开始实行退市风险警示，交易所在"ST"基础上又增加了"*ST"以标示股票的退市风险；第二, 2012 年 7 月, 交易所将"特别处理"的提法统一为"风险警示", 其中, 退市风险警示要求在股票名称简称前标记"*ST", 对其他风险警示标记"ST"。因此, 我国的风险警示制度的形成伴随着我国股市的发展, 走出了"特别处理—退市风险警示—风险警示"的发展轨迹, 可以说, 我国ST 制度的概念和逻辑思路逐渐完善。

从时间维度看, 我国的 ST 制度可以划分为两个阶段。

（一）第一阶段（1998~2003 年）

我国的风险警示制度始于 1998 年的"特别处理"（以下简称"ST"）制度。根据当时《公司法》和《证券法》的规定, 上市公司出现连续三年亏损等情况, 其股票将暂停上市。沪深交易所从 1999 年 7 月 9 日起, 对这类暂停上市的股票实施"特别转让服务"（PT 服务）, 特别转让与正常股票交易在交易时间、涨跌幅限制、撮合方式和交易性质上存在着不同。

2000 年 5 月 1 日, 上海证券交易所（以下简称"上交所"）第一次修订后的《上市规则》发布并实施。《上市规则》在第 9 章"特别处理"中对特别处理进行了定义, 即"上市公司出现财务状况或其他状况异常, 导致投资者难以判断公司前景, 权益可能受到损害的", 交易所将对公司股票交易实行特别处理。同时, 还规定了财务状况异常和其他状况异常的判定标准。其中, 财务状况异常的情况主要有: 连续两年亏损（包括调整后的情况）; 每股净资产低于股票面值（股东权益低于注册资本）; 被出具无法表示或否定意见以及交易所或证监会认定等情形。

2001 年 2 月 22 日, 证监会发布《亏损上市公司暂停上市和终止上市实施办法》, 正式推出了退市制度, 俗称"退市令"。该办法规范了暂停上市、恢复上市和终止上市的三种情况, 并且调整和明确了证监会、发审委和交易所的管理权限, 规定"暂停上市由证监会授权交易所决定; 申请恢复上市由发审委审核, 证监会核准。暂停上市的公司终止上市由证监会决定"。另外, 该办法仍然保留了"PT"制度, 并且提出了申请宽限期和延长暂停上市期限的新规定。

2001 年 4 月 25 日, 证监会颁布了《公开发行证券的公司信息披露规范问答第1号——非经常性损益》，随后，在2004年1月15日发布了修订稿，对非经常性损益的概念、内容和相关披露要求做了较为清晰的界定。最终在2008年10月31日，证监会发布了〔2008〕43号文，将其改称为"公开发行证券的公司信息披露解释性公告"，于2008年12月31日施行。

2001年6月8日，上交所第二次修订《上市规则》。与第一次修订相比，在对财务状况异常认定上未发生变化，在对其他异常的认定上，增加了"6. 董事会无法形成董事会决议的"；修改了"7. 公司的主要债务人被法院宣告进入破产程序，而公司相应债权未能计提足额坏账准备，公司面临重大财务风险的"两种情形。

2001年6月11日，证监会发布《中国证券监督管理委员会关于上市公司股票特别转让处理规则》，规定上市公司股票暂停上市期间，为投资者提供股票"特别转让服务（PT）"。随后，在2001年11月30日，证监会发布《亏损上市公司暂停上市和终止上市实施办法（修订）》，规定在暂停上市期间，证券交易所不为其股票提供"PT"服务。

2002年2月25日，上交所对《上市规则》进行了第三次修订，规定上市公司最近年度财务状况恢复正常、审计结果表明"ST"所列情形已消除，并且满足"主营业务正常运营和扣除非经常性损益后的净利润为正值"两个条件的，公司应当自收到最近年度审计报告之日起两个工作日内向本所报告并提交年度报告，同时可以向本所申请撤销特别处理。

2003年3月18日，证监会发布《关于执行亏损上市公司暂停上市和终止上市实施办法（修订）的补充规定》，对暂停上市和终止上市的具体情形做出了补充。

（二）第二阶段（2003~2012年）

2003年4月4日，深沪两地交易所发布《关于对存在股票终止上市风险的公司加强风险警示等有关问题的通知》，并从2003年5月12日开始实行退市风险警示制度。所谓退市风险警示制度，是指由证券交易所对存在股票终止上市风险的公司股票交易实行"警示存在终止上市风险的特别处理"，在股票名称前标示"*ST"标记。对股票实行"退市风险警示"的情形主要包括：①最近两年连续亏损的（含调整导致）；②在规定期限内未对虚假财务会计报告进行改正的以及未依法披露年度报告或半年度报告的；③处于股票恢复上市后的第一个年度报告期间的。其中第①类情形，原来实行特别处理，现改为实行"退市风险警示"。

2004年8月28日，第二次修订的《公司法》在第157条中规定："上市公司有下列情形之一的，由国务院证券管理部门决定暂停其股票上市：①公司股本总额、股权分布等发生变化不再具备上市条件；②公司不按规定公开其财务状况，或者对财务会计报告作虚假记载；③公司有重大违法行为；④公司最近三年连续亏损。"在第158条中规定："上市公司有前条第②项、第③项所列情形之一经查实后果严重的，或者有前条第①项、第④项所列情形之一，在限期内未能消除，不具备上市条件的，由国务院证券管理部门决定终止其股票上市。"

2004年12月上交所对《上市规则》进行第四次修订。特别处理分为退市风险警示特别处理（*ST）和其他特别处理（ST）两种类型。《上市规则》规定，在净利润和扣除非经常性损益后的净利润都为正时，退市风险警示和特别处理的原因都已消除，由*ST转为正常；而净利润为正，但扣除非经常性损益后的净利润为负时，解除退市风险警示，转为ST。

2005年10月27日，第三次修订的《公司法》中删除了第157条和第158条所在的"上市公司"一节，证券交易所决定暂停或终止其股票上市交易的具体情形在2006年1月1日起施行的《证券法》第55条、第56条分别做出了规定。

2006年5月和2008年9月，上交所分别对《上市规则》进行第五次和第六次修订。2008年的《上市规则》对退市风险警示做出界定：上市公司出现财务状况异常或者其他异常情况，导致其股票存在被终止上市的风险，或者投资者难以判断公司前景，投资者权益可能受到损害的，本所对该公司股票交易实行特别处理。特别处理分为退市风险警示特别处理（*ST）和其他特别处理（ST）。

2012年7月，上交所对《上市规则》进行第七次修订。在此次修订中，风险警示分为退市风险警示（*ST）和其他风险警示（ST）两种类型，自此，在《上市规则》上不再有"特别处理"这一说法，也可以说，特别处理这个说法正式退出历史舞台。而从风险警示的分类上，可以说这种分类有着较好的逻辑思路。

2012年12月14日，上交所发布《关于发布退市配套业务规则的通知》，其附件一《上海证券交易所风险警示板股票交易暂行办法》自2013年1月1日起施行，设立上市公司股票风险警示板。

从整个ST制度的演变看，从对ST或*ST的判定标准的不断发展和完善的过程看，无论是证监会，还是交易所，对特别处理或风险警示的分类以及ST和*ST的判定标准也经历了一个认识上不断成熟的过程，如表2-1所示。

从以上对ST制度的发展和完善历程看，可以说，我国的ST制度已经初步形成由法律层级的《公司法》和《证券法》、部门法规层级的由证监会制定、修订和补充的《亏损上市公司暂停上市和终止上市实施办法》（俗称"退市令"）以及行业规章层级的由交易所制定、修订的《上市规则》构成的较为完整的法律级次。

三、对我国ST制度实施情况的统计

股票的特别处理制度是由于股票的退市风险和其他风险，为保护投资者利益，在退市机制的前一个环节对上市公司股票进行标记的一种警示和风险标示制度。该制度从1998年实施以来，在股票简称的变化上，先后经历了ST、ST与*ST并存的两种情形，并最终在2012年形成了由退市风险警示（*ST）和其他风险警示（ST）所构成的股票风险警示制度。图2-2展示了特别处理制度的发展路径①。

---

① PT：因三年连续亏损，暂停上市期间，交易所对其提供特别转让服务。

表 2-1　风险警示判定标准总结

判定情形	两年连续亏损（含追溯调整）	资产、权益损失缩水	在规定期限内未对虚假财务会计报告进行改正	未按期披露年度或半年度报告	可能被解散	股东权益为负值	审计否定	最近1年扣除非经常损益后的净利润为负	主营业务未正常运营	非经营性资金占用违规或违规担保，情节严重	重大诉讼、仲裁风险，赔偿可能超偿净资产50%	主要银行账号被冻结	破产、首次可能被警告	重大财务风险	董事会决议无法形成
2000年	财务异常	财务异常					财务异常		其他异常		其他异常	其他异常	其他异常		
2001年	财务异常	财务异常					财务异常		其他异常		其他异常	其他异常	其他异常		
2002年	财务异常	财务异常					财务异常		其他异常		其他异常	其他异常	其他异常	其他异常	其他异常
2003年	*ST	ST	*ST	*ST		ST	ST	ST	ST		ST				
2004年	*ST	*ST	*ST	*ST	*ST	ST	ST	ST	ST			ST			
2006年	*ST	*ST	*ST	*ST	*ST	ST	ST	ST	ST	ST		ST			
2008年	*ST		*ST	*ST	*ST		ST	ST	ST	ST		ST			
2012年	*ST	*ST	*ST	*ST	*ST	*ST	*ST		ST			ST	*ST		ST

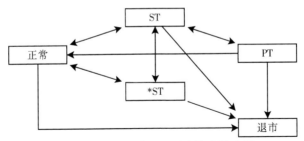

图 2-2　我国特别处理制度的发展路径

（一）我国 ST 制度的年度统计特征

对我国 1998 年实施特别处理制度至 2013 年期间的退市风险警示（含特别处理阶段）制度的具体实施情况加以统计，可以得到 1998~2013 年 16 年来我国特别处理实施总表（按年度[①]，见表 2-2）和年度变动总表，如表 2-3 所示。

从表 2-2、表 2-3 可以看出，16 年来，我国 A 股市场有如下特征：

（1）共有 215 家上市公司被 ST，356 家上市公司被 *ST，也就是说，共有 571 家[②]上市公司被 ST 或 *ST；有 285 家 ST 公司和 176 家 *ST 公司转为正常情况，即"摘帽"；有 177 家 ST 公司转为 *ST，275 家 *ST 公司转为 ST；有 75 家上市公司直接退市；2 家公司从 *ST 退市。

（2）从对原因类别的分析可看出，16 年来，在涉及退市风险警示 543 家（见表 2-3）上市公司的 854 例（排除了"恢复上级状态"的影响）的特别处理中，有 638 家是因为两年连续亏损的原因所形成，占总数的近 75%；有 51 家是因为资产、权益缩水；38 例为审计否定；终止上市的有 56 家；存在财务破产风险的有 23 家。因此可以说，两年连续亏损是我国

---

① 根据国泰安经济金融研究信息数据库统计得到。另外，因 2003 年 5 月 12 日开始实施退市风险警示制度，共有 35 家上市公司在进行特别处理公告的同一天或先后若干天经历了先宣布特别处理，同时或随后又宣布进行退市风险警示（AB-BD 模式），这样就存在着 AB 和 BD 情况的重复统计。表中 2003 年的相关数据是对此进行调整后的数据。

② 需要说明的是，由于本表中的数字仅是上市公司的数量统计，其中包含了同一家上市公司在期间多次被 ST 或 *ST 的情况，即存在"二进宫"甚至"三进宫"的情况。同理，在表 2-2 中的 543 家数据中也存在这样的情况，最为准确的数据是本书附录 2 中的 493 家。

表2-2 我国退市风险警示实施总表（1998~2013年）

单位：家

类别	1998年	1999年	2000年	2001年	2002年	2003年	2004年	2005年	2006年	2007年	2008年	2009年	2010年	2011年	2012年	2013年	合计
从正常到ST	25	30	26	24	48	15	11	7	2	7	6	6	2	3	1	2	215
从ST到*ST						21	16	17	20	12	8	20	22	11	11	19	177
从正常到*ST						43	30	27	61	54	20	23	37	13	25	23	356
从*ST到ST							33	18	17	44	50	20	23	51	15	4	275
从正常到退市	1	1		3	7	4	10	11	11	8	2	5	5	3		5	75
从ST到正常		7	17	18	13	15	13	20	9	14	22	20	11	20	52	34	285
从*ST到正常							13	18	11	18	19	9	12	15	16	45	176
从PT到正常				1	6	1											8
从*ST到退市																2	2
从PT到退市				1	1												2
从ST到PT		4	5	12													21
从PT到ST					6	1											7
合计	26	42	49	58	80	100	126	118	131	157	127	103	112	116	120	134	1599
恢复上级状态		7	18	19	25	20	56	52	35	76	90	49	46	86	83	83	745
两年亏损	12	21	21	33	26	60	50	45	77	64	30	42	56	22	36	43	638
资产、权益缩水	6	7	3	1	14	8	3	3	2	1		2	1	1			51
审计否定	3	4	3	1	6	6	2	3	2	2	2	2	1	1			38
经营受损、经营停顿	1				2	1	2	3	2	1	1	1	1	1	1		13
重大诉讼	1		3	1	1	1	2			1	1	2	1	1	1	1	11
投资风险	3	1	3									1					8
特别转让（PT）	1	1	1					2									3

续表

类别	1998年	1999年	2000年	2001年	2002年	2003年	2004年	2005年	2006年	2007年	2008年	2009年	2010年	2011年	2012年	2013年	合计
终止上市	1			3	7	3	9		11	6	2	5	5	3		1	56
财务破产			1			1	2	11		2	1	2	2	1			23
信息披露违规							2	1	4								7
其他被终止上市情形																4	4
恢复上市申请未被核准																2	2

注：其中，资产，权益缩水指每股净资产低于股票面值，或净资产低于注册资本；审计否定指无法表示或表示否定的审计意见；投资风险指对纳入合并报表的子公司的财务状况等难以评价，影响投资者对公司的评价，或大股东大额，对经营受损造成重大影响；经营停顿指指产品落后，亏损严重，或因成本倒挂停产检修，停产3个月以上，或因地震灾害影响，或因高层领导批准导致停产；或停顿指因市场、成本价格等原因处于停产状态，或因单位主要负责人接受调查导致停产状态；财务破产指如公司破产被冻结，或因担保等事项，成本公司及控股子公司资产和权益做申请保全，主要银行账户也已被查封或冻结，或遭查封、冻结、抵押、质押、贷款逾期；信息披露违规指在规定期限内未按期披露财务会计报告进行纠正或未按期披露半年度报告，或如东南亚金融危机；对大股东债权账坏账可能性很大；重大诉讼指大股东欠款，为大股东担保；面临司法调查等情况。

表2-3 我国A股ST公司相关数据年度变动总表（1998~2013年）

单位：家

年份	期初ST公司数	本期增加	其中：亏损公司数	摘帽	退市	期末ST数量	A股上市公司数量	ST占比（%）
1998	0	26	25	0	0	26	829	3
1999	26	30	18	7	1	48	933	5
2000	48	26	16	17	0	57	1090	5
2001	57	24	14	18	2	61	1146	5
2002	61	48	26	13	7	89	1213	7
2003	89	57	43	16	4	126	1272	10
2004	126	41	32	25	10	132	1327	10
2005	132	33	26	38	11	116	1317	9
2006	116	62	57	20	10	148	1324	11
2007	148	59	51	32	8	167	1335	13
2008	167	25	20	41	2	149	1332	11
2009	149	29	23	28	5	145	1345	11
2010	145	38	36	23	5	155	1370	11
2011	155	15	12	29	3	138	1401	10
2012	138	23	22	61	0	100	1417	7
2013	100	7	6	73	5	29	1422	2
合计	0	543	427	441	73	29		

上市公司被特别处理的主要原因。

（3）从每年增加的特别处理上市公司占当年上市公司数量的比率看，16年来上市公司平均有2.7%的公司被特别处理。其中，2003年和2006年的比率达到峰值，约为4.4%。

（二）我国ST公司的发展路径和分类

首先，根据1998~2013年每个年度的退市风险警示情况，将各ST公司进行分年度统计，随后将16年间所有的493家ST公司的发展路径进行统计，得到各ST公司在这16年中的发展路径（见本书附录1：我国493家ST公司发展路径及状态分类表（1998~2013年））。

其次，根据该发展路径，对这些ST公司在这16年间各自的情况进行分类。本书按照"戴帽"次数（一次、两次和三次）以及是否"摘帽"

（摘、未摘）对其进行两两组合，加上"退市"情形①，一共应该有 7 种状态。

最后，对各家公司的 16 年间的发展路径，按照 7 种状态进行统计，实际形成了本书中 ST 公司发展路径的 6 分类方法，即一进宫—摘、一进宫—未摘、二进宫—摘、二进宫—未摘、三进宫—摘和退市。

根据上述统计和分类方法，形成了 1998~2013 年 ST 公司的状态统计表，如表 2-4 所示。

表 2-4　ST 公司状态描述性统计

单位：家

行业②	"一进宫"—摘	"一进宫"—未摘	"二进宫"—摘	"二进宫"—未摘	"三进宫"—摘	退市	总计	行业公司数总计	比例（%）
房地产	59	2	9	2		4	76	204	37
工业	176	29	29	11	2	39	286	1841	16
公用事业	29	3	3	1		10	46	341	13
金融	9						9	43	21
商业	26	1	6	2		6	41	183	22
综合	12	6	2	1		14	35	99	35
总计	311	41	49	17	2	73	493	2711	18
沪市	155	25	19	11	1	36	247	1049	24
深市	156	16	30	6	1	37	246	1662	15

从戴帽公司的"戴帽—摘帽"的频次看，493 家被 ST 公司中有 71%（352 家）的公司属于"一进宫"的情况，其中，有 63% 的公司已经摘帽，8% 的公司没有摘帽；有 14%（68 家）的公司属于"多进宫"的情况，即多次发生了"戴帽—摘帽"的行为，其中，有 2 家公司（600876、000585）属于"三进宫"并已经摘帽的情形，属于"二进宫"情形的公司有 66 家，占总数的 13%（摘帽的有 49 家，占 10%，未摘帽的有 17 家，占 3%）；有

---

① 在本书中，由于退市的具体路径有很多种，但只要最后的结果在这期间是退市，就归为退市一类，不再对这一类进行两两组合细分。

② 本表中的行业分类是按照证监会 2011 年行业分类标准进行统计，数据截至 2013 年 12 月 31 日。

73 家公司退市，占总数的 15%。

另外，493 家 ST 公司从行业内的 ST 公司比例来看，占比最大的是综合类公司[①]（35%），其余依次是房地产类公司（37%）、工业行业（16%）、金融（21%）、公用事业（13%）和商业（22%），行业内 ST 比例均在 10% 以上。

从以上分析中，可以得出如下基本规律：

第一，从数量上，"一进宫"公司远大于"二进宫"公司的数量，达 5 倍之多；二进宫公司又远大于"三进宫"公司的数量。

第二，从摘帽与否的数量看，"一进宫"公司摘帽的数量远大于未摘帽的数量，达 7.6 倍之多；"二进宫"公司摘帽数量大于未摘帽的数量，达 2.9 倍。

第三，16 年来，退市公司的数量每年平均在 4.6 家；从分布看，主要集中在 2005 年左右，2002~2008 年退市公司的数量占总体退市公司数量的 80%，如图 2-3 所示。

图 2-3　我国退市公司数（1998~2013 年）

---

　① 这里是按照 1999 年证监会行业分类标准，如按照证监会 2012 年的行业分类标准，这里的综合类公司主要有农、林、牧、渔服务业、建筑装饰和其他建筑业、畜牧业、农业和综合。

第二节　文献综述

一、研究问题的界定

长期以来，人们对不利风险或所"失"的关注程度始终不亚于对有利的可能或所"得"的追逐。古语说"居安思危"、"患得患失"反映了人们的这种普遍的心理活动。在企业追求利益最大化的路上，人们始终在寻求预测、减轻、免除或者事先防范可能面临的损失、失败风险的方法或手段。

因此，从政府的宏观经济管理和制度经济学角度看，为了更好地发挥股票市场的资源配置、资金筹集、价格发现和风险分散等功能，作为我国股票市场监督管理机构的中国证监会自然需要考虑建立一套公正、公平、透明的股票发行、交易和披露等规则，以及时警示市场风险，保护投资者权益不受损害。不同于美国、德国等西方发达国家，我国借鉴了日本东京证券交易所的做法，建立了ST制度（后来逐步发展为风险警示制度），对上市公司的退市程序采取了逐步退出的政策，对符合一定标准的上市公司进行风险标示。因此，这个用于风险警示判定的标准，成为ST制度运行是否有效的关键。

从微观角度，即股市参与方尤其是投资者角度看，会面临两个纠缠在一起的较复杂的问题：避免投资于没有或失去投资价值的公司；鉴别被ST公司的投资价值。这两个问题的背后涉及股票市场的利益相关方之间的权衡与博弈，是值得研究的话题。

失去（或没有）投资价值，是静态的结果描述，是财务困难过程的末端状态。具体来说，财务困境、被特别处理、存在破产风险、资不抵债、破产清算都可能导致一个上市公司失去投资价值。因此，无论从宏观的政府监管角度还是从微观的投资者权益保护角度，对处于财务困难公司的困难程度的范围进行梳理或者厘清 ST 公司与失去（或没有）投资价值公司之间的相互关系是首先应该解决的问题。

（一）国外学者关于财务困境的研究

1966 年，W.H.Beaver 在《作为失败预测的财务比率》一文中通过分析财务比率对失败的预测能力验证财务比率的有用性，他认为债务违约、银行透支和不能支付优先股股利等是造成企业财务失败的表现。E.D.Deakin（1972）和 M.Blum（1974）也都以企业失败预测为研究对象对失败预测方法进行研究。但是，在他们的研究中并未涉及财务困境这个概念，而以后的学者，如 M.E.Zmijewski（1984）把此前三位学者的研究看作是对财务困境的研究，将财务困境等同于财务失败，认为企业失败就是企业陷于财务困境。后来的学者在研究中将企业提出破产申请的行为看作是企业处于财务困境（Altman，1968；Ohlson，1971；Zmijewski，1984）。

在对企业失败的界定上，Beaver、Deakin 和 Blum 认为，企业不能偿付到期债务，如进入破产程序、债券违约、银行透支、未支付优先股股利、破产或清算、无偿债能力等事项就是企业失败。从以上的界定和列举可以看出，失败事件的列举构成了财务困境的程度范围上的表述，即财务困境包含从债务违约到破产这个过程的一系列不利事件。

财务困难是一个过程，财务困境是困难的境遇。因此，根据财务困难事项的严重程度，将财务困境划分为不同状态，并对各个状态的内涵做出界定（Amy Hing-Ling Lau，1987）就很有必要。Amy Hing-Ling Lau 拓宽了视野，改变了对财务困境的静态列举的方法，将财务困难的状态由好到坏分为五种情况：财务稳定—取消或减少股利—技术性违约和债券违约—破产保护—破产和清算，并认为取消或减少股利是财务出现困难的一个信号，而破产和清算是财务困境最为严重的一个表现。

从信号理论角度讲，风险警示制度的设计，旨在监管方有关风险警示制度的约束下，处于相关信息优势方的上市公司向处于信息劣势一方的投资者传递（即公告、披露）风险警示信息，而理性的信息劣势一方则先需要甄别信息的价值与信息质量，然后据以做出相应投资决策。从信号出现的时间次序上看，H.F.Turetsky和R.A.Mcwen（2001）认为，财务困境的信号首先是持续经营下的现金流急剧下降，其次才是现金股利下降、违约或者债务重组等。而Argenti认为，失败指企业业绩差到要招致接管、停止营业、自愿清算的程度。显然，H.F.Turetsky和R.A.Mcwen把现金流量急剧下降视为企业财务困境开始的信号，而Argenti把业绩很差认为是财务困境开始的信号。

在财务困境与破产的时间关系上，H.D.Platt和M.B.Platt（2002）认为，"财务困境先于破产"，即认为财务困境是企业破产以前的阶段，破产与困境是不同性质、不同阶段的两种状态。

基于注册会计师经济警察的职能和对财务报表的合法性及公允性发表审计意见的审计目标，P.K.Coats和L.F.Fant（1993）以财务报表审计意见判断企业是否陷于财务困境，即如果注册会计师对财务报表发表拒绝表示意见（在我国现阶段应该为"无法表示意见"），则表示企业已陷于财务困境。在我国，无法表示意见常常在"审计范围受到非常严重的限制，所产生的影响非常重大和广泛"、客观上造成无法发表审计意见的情形下出具。

（二）我国学者关于财务困境的研究

在对企业财务运行的未来失败风险预测上，我国的专家、学者们也一直在进行着有益的探索和研究。国外绝大多数的研究主要集中在财务困境、企业破产、企业失败等方面，这样的研究以企业根据《破产法》提出破产申请的行为、债务违约或不发放、减少现金股利等现象作为数据收集的对象，在数据的可获得性上也存在着足够的便利，相关研究有较好的数据支撑，不存在获取数据上的难题。在我国，尽管出台了《破产法》，但由于实施时间较短且并没有严格地执行，因此从破产申请行为的角度研究财务困境和破产风险问题基本上不太可行，这形成了我国的研究主要从企业失败、财务危机、财务风险和特别处理（退市风险警示）等问题入手的研究格局。

我国的风险警示制度始于1998年开始实行的股票ST制度，当时规定

"当上市公司出现财务状况或其他状况异常而导致投资者难以判断公司前景，权益可能受到损害的"，交易所就要对该股票实行特别处理，这样的公司成为 ST 公司。这样的规定背后，存在着一定的逻辑假设，即异常即风险，也就是说，财务状况或其他状况异常即表明存在着退市风险或者退市风险的积累。可以说，这是一种风险观的具体制度体现。另外，由于数据的可获得性，我国学者（张玲，2000；陈晓，2000；吴世农，2001）以上市公司中因财务状况异常而被特别处理（ST 公司）作为界定财务困境的标志。

根据相关统计资料，因财务状况异常而被特别处理的公司绝大部分是由于连续两年亏损或一年巨亏产生的。因此，我国学者以被 ST 公司中连续两年亏损作为界定财务困境的标志。

二、关于 ST 制度及其后果的研究

（一）关于我国 ST 制度的研究

ST 制度设计的出发点是通过对存在终止上市风险的财务状况异常或其他异常的上市公司进行"ST"标识，从而达到保护投资者权益的目的。在制度设计上，交易所通过设定财务状况等异常判断标准或者风险警示判断标准划定哪些公司达标而被戴上 ST"帽子"，这些公司在面临 ST 标记可能带来的市值损失或其随后的退市风险时，可能会通过包括改善经营、实施重组甚至于财务作假等各种手段摘掉这顶帽子。可以看出，ST 制度设计的本意是通过对因财务状况异常或其他异常的公司加以 ST 标记进行警示，用以激励并促使这些公司进行"实质性改进"。因此，ST 制度运行的实际效果依赖于风险警示制度中判别异常的标准的合理性。

在若干"ST"的判断标准中，"最近两个会计年度的审计结果显示的净利润均为负值"是大部分公司被 ST 的直接原因。从已有的主要文献看，ST 的判断标准受到批评主要是因为相关会计指标受权责发生制和会计弹性影响所导致的片面性和可操纵性。颜秀春（2008）认为，当前我国上市公

司ST制度在特别处理的度量标准、企业评价指标体系等方面存在不合理，影响了我国股票市场的健康发展。姜国华和王汉生（2005）结合1975~2003年美国上市公司数据的实证检验发现，大量具有良好盈利能力的公司，可以具有较差的盈亏稳定性。他们认为盈余和亏损特别是微利与微亏在我国的上市公司ST制度面前是两种不同的处境，这显然是不合理的。

ST制度的上述净利润标准向许多可能会陷入亏损境地的上市公司提出了挑战，这些公司出于自保而不被标示ST标记，就会有计划地按照"盈—亏—亏—ST"的ST发展模式进行提前至少3年的系统设计，以达到整体的利润筹划。陈红和徐融（2005）利用经济学的理论和观点对当时的ST制度进行分析，认为该制度在实际运行与操作中暴露出了许多缺陷，最典型的是它诱致公司进行财务包装。

（二）关于ST公司财务特征的研究

基于上述分析，ST公司在进行各种努力或筹划后，或摆脱了被ST这个结果，或按计划被ST，以达到筹划期利益最大化原则。因此，被ST的公司会表现出不同于正常公司的特点，反映在财务上，构成了ST公司的财务特征。徐念榕、黄宪和郝国梅（1999）发现，1998年摘帽公司在摘帽期间的共同特点有资产重组、强化管理、突出主业、政府积极参与和大股东的支持。戴娜（2001）在对最初1998年的27家ST公司进行了横截面分析后得出，公司之所以扭亏为盈或扩大利润，不是因为正常经营所得，营业外收入和投资收益扮演了相当重要的角色，也就是说，ST公司利用资产重组进行盈余管理的现象是非常严重的。赵国忠（2008）在对2004~2006年ST公司财务状况的实证研究中分析得出，ST公司的财务指标与同类上市正常公司之间的微妙的差别特征：2004~2006年的ST公司流动资产均值大于非ST公司；负债方面，ST公司长短期借款、流动负债、应付票据也都大于非ST公司；在股东权益项，未分配利润和盈余公积显著减少是ST公司在此项目的主要财务特征。

（三）关于 ST 公司摘帽行为的研究

1. 关于 ST 公司摘帽方法的研究

秦锋（2000）认为，从 ST 企业摘帽措施看，资产重组是有效途径，增强自身的造血功能则是关键。杨薇和王伶（2002）分析了 1998 年扭亏摘帽的 11 家 ST 公司后得出，当年摘帽行为即扭亏使用的方式较多，包括出售公司的股权投资、资产重组、债务重组、委托经营，且所有的方式均是与公司第一大股东间的关联交易，交易价格未考虑公允价值。钟新桥（2004）认为，亏损上市公司非经常性损益操纵行为是 ST 公司摘帽的主要手段。卢冶飞和许智豪（2005）取样 2000~2004 年 ST 公司财务报表分析，得出有 68 家，占 83.19% 的 ST 上市公司的计提资产减值准备行为与调节净利润有关，ST 上市公司操纵资产减值准备调节利润，避免退市，成为此研究年度期间摘帽行为的主流。吕长江和赵宇恒（2006）在对 1999~2001 年的 ST 公司的研究中，通过对 78 家 ST 公司样本分析后认为，重组活动是 ST 公司生存的共同特点。李哲和何佳（2006）以 1998~2001 年被 ST 的全部上市公司为样本，研究了地方政府或控股股东频繁的资产重组行为，认为通过重组行为进行摘帽，在本质上是一种无奈之举。无论成功摘帽与否，公司的盈利能力并未得到实质性改进，"支持性重组"本质上只是一种机会主义行为。李艳玲和钱锐（2008）认为，ST 公司扭亏从来就不是单一地运用某一种方法，而是将多种手段与措施综合使用，如在进行资产重组的同时利用减值准备、地方政府的补贴收入以及改变会计政策等措施。

2. 关于 ST 公司摘帽影响的研究

唐齐鸣和黄素心（2006）基于有效市场理论，利用改进后的市场模型对 ST 撤销前后效应研究，认为 ST 摘帽消息正式公布当天，两个市场都没有出现显著异常收益，而在摘帽这一利好消息公布之后的 10 天之内，两市又都出现了显著的负异常收益，这是一种典型延迟反应和逆向反应。杨磊（2006）认为，摘帽 ST 公司在 ST 持续期间内有正的累积超常收益，而未能摘牌的 ST 公司，即使发生资产重组行为，在持续期内对于改善公司价值的影响不大，或者说他们的资产重组行为并不是有效的。正是由于这个原因，反映在公司股票上，其ST持续期内并不存在稳定变化的累积超常收益，呈现波动起伏的状况。

三、关于ST原因及ST预警的研究

(一)关于ST原因的研究

关于ST的原因，最直接的是ST公司达到了ST的判断标准所规定的条件而被特别处理，我国学者则试图从更深层次探究公司被ST的原因。因此，对ST原因的探究变成了对上市公司达到ST判断标准原因的探究，从本质上讲，这个问题的实质是围绕着上市公司连续两年亏损的原因进行分析。

黄运潮(1998)分析了特别处理(ST)认定条件下的财务异常或其他状况异常，认为公司被ST的根本原因是改制不彻底，管理混乱和证券市场发育不全。秦锋(2000)指出，ST公司连续亏损的原因是经营环境不佳，产业结构不合理，重大投资失误或未见成效，财务状况恶化及会计政策变更。纪寿乐(2002)认为ST公司亏损的外部原因是行业竞争激烈，主营业务陷入困境，产品价格下降，销售收入减少，经营出现大滑坡。石巧荣(2000)认为，股市定位、发行和上市公司自身存在缺陷，缺少退市制度，是ST阵容扩大的根本原因。赵琳(2004)认为，ST公司资本结构异常是导致其经营业绩恶化的重要原因，并且大股东占用资金和利用上市公司担保是决定ST类公司资本结构异常的关键所在。宫兴国、吴宏媛和陈海妹(2004)分析了2002年股票被特殊处理的70家公司，认为ST公司亏损原因在于主营业务利润减少、财务费用过大、债务负担沉重、原材料价格上涨导致产品成本上升以及由于投资失误或计提四项减值准备金导致亏损。

(二)关于ST预警的国内外研究

Merwin(1942)发现，营运资本/总资产、股东权益/负债、流动资产/流动负债等指标能够预测企业破产。Beaver(1966)发现，现金流量与总负债比率、净收入与总资产比率、总负债与总资产比率、营运资本与总资产比率等的均值在困境与非困境企业间存在差异。Altman（1968）选择营运资本/总资产、留存收益/总资产、息税前收益/总资产、股票市场价值/债务账面价值、销售收入/总资产 5 个财务比率建立判别函数区分财务困境与财务健康公司。Ohlson（1980）研究了连续两年亏损和破产之间的关系，引入了公司规模变量，发现公司规模、资本结构、业绩与当前资产变现能力显著影响公司破产概率，另外，代表过去两年连续亏损的哑变量在预测公司破产概率的回归模型中系数根本不显著，对公司破产没有任何预测能力。这个系数的符号甚至是相反的，即我们应该预期连续两年亏损的公司在未来两年破产的概率应该增加，实际结果却正好相反。

姜国华和王汉生（2004）选取了 2000 年的财务和股权结构数据预测 2003 年的"ST"，通过逻辑回归模型对影响公司"ST"的因素进行了分析。在参考了已有文献涉及的盈利能力、资产使用效率、偿债能力、现金指标和成长潜力指标后，加入了第一大股东持股比例、公司规模和营业外收支净额指标等共计八个指标。模型拟合结果显示，主营业务利润水平和第一大股东持股比例显著地影响着公司在 2003 年被 ST 的可能性的大小。随后，作者提出了一个预测上市公司 ST 的逻辑回归模型，该模型准确地在被 ST 的前三年预测了大约 64%的样本，预测能力较好。

王克敏和姬美光（2006）针对以往公司财务预警研究主要基于财务指标预测公司财务状况，认为基于财务指标的分析虽然能够给出财务困境发生的概率，但却难以给出财务困境的深层次解释，特别对于财务困境早期预警具有较大局限性。因此，选择 2000~2003 年沪深两市 128 家 ST 公司为样本，同时选取了与 ST 公司处于同一行业、资产规模相近、上市时间相近的 128 家公司作为匹配公司，在财务指标（有盈利能力、短期偿债能力、长期偿债能力、增长能力和资产利用能力这 5 个指标）分析的基础上，引入公司治理、投资者保护、关联交易、对外担保、大股东资金占用等影响因素，综合分析上市公司亏损困境的原因，并比较分析了基于财务、非财务指标及综合指标的预测模型的有效性，进而提出相关政策建议。

第三节　制度和文献的评述及对本书的启示

通过对国内外相关文献的研读与梳理，可以看出：国外的相关研究主要是围绕破产风险评价和预测进行；国内已有的相关研究主要是围绕着 ST 制度标准的合理性、ST 原因与影响因素、ST 公司特征、摘帽行为、效果评价以及 ST 预测来进行的。这些研究对于 ST 制度整体研究的贡献不可否认，但从 ST 制度发展为风险警示制度并成为退市制度一个组成部分的制度发展整体历程看，这些研究仅是 1998~2012 年 14 年来 ST 制度发展的"碎片"，从客观上还需要从历史的观点研究和评价 ST 制度的发展。因此，按照上述思路，除了对已有的研究需要进行总结外，这样的研究与评价还需要重点回答以下问题。

第一，ST 制度的理论依据。ST 制度或风险警示制度是我国股市特有的一种风险揭示制度，其警示作用显而易见。但是，按照"标示异常→退市风险→减少权益损害"逻辑思路和保护投资者权益出发点来审视该制度，需要从分析建立 ST 制度或风险警示制度的理论依据研究该制度。这样的研究努力可以为更多角度和更宽视野的实证研究创造一种可能，有着现实意义，可填补已有研究的空白。

第二，风险警示制度与退市制度的关系。从股票风险警示制度的发展看，即由 1998 年开始的 ST 制度开始，2003 年开始的股票退市风险警示特别处理以及 2012 年股票的风险警示制度，可以说，股票的风险警示制度是退市制度的一部分。而且，可以肯定地说：退市制度将为完善我国股票市场，解决现有的种种弊端起到很大的作用。因此，从"风险警示—退市制度"的视角研究相关问题，具有一定的前瞻性。

（一）对财务困难研究问题的评述

从对国内外专家学者已有的研究成果看，对公司财务困难研究的相关话题，具体涉及财务困境、企业失败、企业破产、财务危机、财务风险、退市风险（ST）等问题。我们知道，研究问题的准确和合理界定是一个研究得以顺利展开的重要前提。

综观国内外已有的有关财务困境预测方面的文献，对财务困境的研究内容主要集中在财务困境的形成原因以及分析、预测方面，主要通过实证方法建立分析、预测模型，但是对研究对象——财务困境的内涵、本质及其与其他相关概念的关系进行界定和全面分析的文献并不多见。而且，受制于样本性质和数量的影响，研究人员往往是在样本所限定的范围中界定财务困境的内涵。显然，这是一种受制于样本而采取的退而求其次的本末倒置的做法。这样，对财务困境概念的理解，以及由此而得出的结论，容易犯下盲人摸象般的片面认知错误。

我们知道，由于股票本身属于证权证券，与传统的具有使用价值的商品不同，股票价格更多地依赖于多头或空头对上市公司未来发展的预期，投资者的投资行为更多地取决于其对公司未来发展潜力的预期，而不是现阶段公司的发展状况。我们无法割裂未来是现在的延续这个时间逻辑，更要遵循事物发展的自然逻辑，那就是一个有希望、有潜力的公司一定遵循着由小到大、由弱到强的发展路径。

我们注意到，所谓的财务困境仅仅是一种状态而已，而这种状态可能是一家正常公司，或者说是一家有希望的"绩优股"公司的一种轮回发展的常态。对投资者来讲，最大的风险是投资于一家没有发展潜力的"气数耗尽"或"没有希望"的公司，尽管这家公司当时的发展如日中天；对监管者来讲，最大的政策风险无异于通过刚性的制度扼杀了那些财务报表"不好看"但有发展潜力和希望的成长性公司，这些公司为了应付不被特别处理，或者为了达到相应的指标考核要求而不得不做出一种不利于长远战略发展的"近视"的短期战术行为。

因此，这个问题的实质就转变为对上市公司投资价值的长期考量与对其进行即时评价的矛盾。对投资者来说，在适当的风险警示规则的影响下，风险警示的标记很容易传递出"坏消息"或者"不好"的信号，上市公司、管理层以及投资者等多方博弈的结果使得投资者面临更为复杂的投资决策环境，在信号的甄别上难度更大。

因此，本书需要站在一个更高的视角，从词源和词义角度，并考虑现代社会人们对这些词语的使用习惯，对已有的研究对象的边界及其关系进行思考和分析，以期对有关财务困境的各研究对象（财务困境、企业失败、企业破产、财务危机、财务风险、退市风险（ST））的内涵及其本质有更有逻辑、更为理性的理解。

1. 已有各研究问题的内涵分析

困难，是在一定境况下一个主体处于不利状态的过程。困境是一个客观的困难境遇，但如果你陷于困境，别人说你失败了，你认可吗？对上市公司来说，财务困境是一个退市风险积累或消化的过程；而破产或失败，是这种风险在公司内部积累或消化过程的最终结果。

失败，是一个不让人喜欢的字眼，如果成功可以界定为一个主体对其预定目标的完成，失败就是一个主体未能达到其预定目标的一个状态或结果。更何况失败多少有一些价值判断的意思，有着更多的主观性。从财务管理的角度讲，经营失败表现为考虑风险因素的情况下，投资报酬率低于同类投资的正常报酬率或者平均报酬率低于资本成本。但是，经营失败并不等同于终止经营，因为终止经营决策是建立在期望报酬不能弥补变动成本的基础上的，只有期望报酬不能弥补变动成本时，管理层才会终止经营。

西方学术界一般将破产作为财务困境的标志，但在中国股票市场上至今还没有出现一家上市公司破产。其原因是多方面的，其中一个重要的制度因素就是中国股市中的"壳资源"现象：对符合破产条件的中国上市公司，因其昂贵的"壳资源"而存在着很多的脱困出路，因此，几乎不会出现申请破产的情况。

特别处理是在 ST 制度中所界定的一种需要警示的状态。ST 制度以明确的条款（数量和非数量标准）规定了财务状况异常和其他异常的具体细节，并阐述了较为清晰的逻辑思路：异常（财务状况异常和其他异常）→退市风险（投资者难以判断公司前景）→投资者权益可能受损。在数量标准中，最重要的指标是"连续两年净利润为负值"，我们知道，净利润的形成中存在着一定的会计估计和职业判断而影响特别处理判断上的客观性，但同财务困境的其他认定标准相比，以特别处理代表公司处于财务困境状态是一个相对可靠的事件，且有着较高的可度量性和可操作性。从被戴上 ST 帽子后又被"摘帽"的公司看，大部分是通过大规模资产重组方式完成的，这恰恰说明 ST 公司在一定程度上处于财务困境的状态。

需要说明的是，在财务困境研究中，无偿债能力是使用频率最高的词，具体表现为资不抵债或者债务违约两类情况。违约一般预示着企业业绩恶化，严重的违约可能导致企业破产。资不抵债的公司表明企业的持续经营能力堪忧，面临着被注册会计师出具带强调段无保留意见或者保留意见的可能，但实践中，也有很多公司凭借较强的融资能力化解这种风险，渡过这个难关。

2. 财务困境各阶段分析

前面说到，对于上市公司，财务困境是在财务困难过程中的状态表现，这些状态反映了退市风险积累或得以消化或趋于消亡的过程。因此，不但要明确财务困境应该包含哪些困境事项、各事项的内涵以及企业发生哪些事项标志着财务困境的开始、发生哪些事项标志着财务困境达到最严重的阶段，更应该从时间轴上对财务困境的全过程进行分析。

对财务困境研究对象的界定，最重要的是从逻辑上确定公司由正常状态转为困难境地这个拐点，这个转折点应该是一个影响企业正常与否状态的内在因素，从财务角度看待这个问题，则更有意义。我们知道，较长时间的亏损以及现金流量不足在很大程度上可能会导致企业丧失偿债能力、发生违约行为、不能支付优先股股利、资不抵债等情况。因此，财务困境应包含企业严重亏损以及现金流量严重不足事项，而这个拐点可以从利润角度或者现金流量的角度（缪萍，2006）来进行度量。

因此，从我国上市公司的正常状态到发生破产清算，财务困境的全过程如图 2-4 所示。

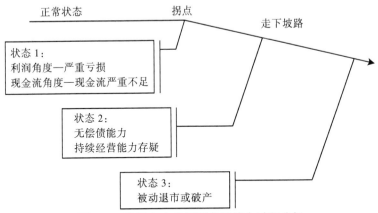

图 2-4　我国上市公司财务困境全过程分析

综上所述，结合样本数据的可获得性，笔者认为，以 ST 作为界定财务困境的标志性信号是一种比较合理的选择。

（二）对 ST 公司财务特征和影响因素的评述

我国学者对 ST 公司财务特征的研究遵循着 "ST 与 NST 的分类→指标值是否存在显著差异" 这个思路，但这样的研究只能够回答 "ST 公司与 NST 公司的分类带来了相关指标值的显著差异"，而不足以回答 "相关指标值的差异形成了 ST 公司与 NST 公司的划分"。也就是说，目前我们已有的 ST 公司财务特征的研究是单向的，而我们需要的结果是：这些财务特征是形成 ST 公司与 NST 公司划分的充分必要条件。对这个问题的回答构成了本书中 ST 影响因素研究的基础。

本书认为，对上市公司被特别处理的原因及其因素的分析，应在一个严密的分析框架中进行，这个分析框架（见图 2-4），应是在我国退市制度、上市规则以及会计准则不断发展和完善的动态变化中，围绕着以净利润等为中心的会计指标所构建的过程分析框架。如此，所进行的分析和因素研究所得到的结果才可能是有意义的，否则，很容易成为盲人摸象式的局部片面分析。

（三）对 ST 制度及预警的评述

我们注意到，关于制度的研究主要集中在交易所上市规则中的 ST 制度或风险警示制度的合理性方面。尽管如何评价制度的合理性是一个见仁见智的问题，但是，本书认为，制度的合理性应该有一个最基本的判断，那就是制度的"目的—运行—效果—反馈"这个逻辑链条。也就是说，运行及其效果以及反馈环节都应该服务于制度订立的最初目的，因此，从这个角度讲，我国 ST 制度的合理性评价应围绕着订立制度的初衷来进行。

本书认为，关于对上市公司被特别处理的预警研究，是在分析特别处理影响因素的基础上，主要考虑 ST 公司在被特别处理前若干年的财务或非财务指标值进行的一种预测性的应用性研究。综合以往的研究，这样的预警研究具有如下几个方面的特点，如图 2-5 所示。

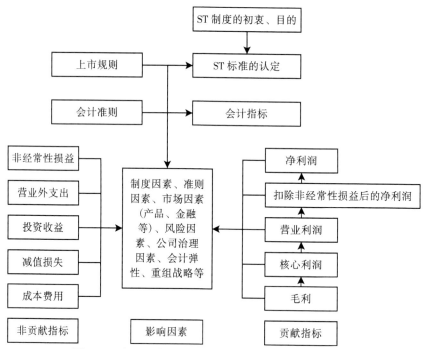

图 2-5 我国上市公司 ST 原因及因素分析的动态框架

第一，预测的局限性。基于上市规则中对特别处理中财务异常或其他异常的判断标准，可以说，因连续两年亏损（含调整后亏损的情况）被 ST 公司的净利润在被 ST 的前三年会遵循"盈（T–3 年）—亏（T–2 年）—亏（T–1 年）—ST 宣告（T0 年）"的盈利表现模式。

我们看到，现有的关于 ST 预警的文献几乎遵循了一种预警的思路，即由现在推至若干年前的倒推的思路，"ST 与配对的 NST 公司确认（T0 年）→T–j 年的预警（j = 1，2，3）"。这种思路严重影响了这些预警模型的实用价值，因为在实际的预测需求中，需要从所有的 NST 公司中发现若干年后可能被 ST 的公司。

第二，预警研究是基于 ST 影响因素的相关性而非因果关系研究。可以看到，几乎所有的预警研究都是关于 ST 影响因素的相关性研究，而关于更深层次影响 ST 因果关系的研究则寥寥无几。

（四）对 ST 公司摘帽措施的评述

本书认为，对 ST 公司摘帽措施的研究，最终落脚点会归于如何扭转公司亏损局面的手段和措施的研究，该研究围绕着两个前提：

第一，以交易所《上市规则》中关于 ST 认定标准为核心。如"以扣除非经常性损益后的净利润为正数"为摘帽①的必备条件，那么，通过创造非经常性损益这种手段就失去了其存在的意义。

第二，在第一点的前提下，以围绕如何扭亏为盈为关键。那么，从最一般的扭亏手段来说，根据扭亏的难度大小，从大到小依次为：提高主营业务的竞争力（增加销售、提高价格、提高毛利率、扩展新市场等）>降低成本、缩减费用>增加可操纵性应计利润（转回减值准备、减少折旧摊销、增加投资收益、关联方交易等）>进行资产重组（资产收购、资产剥离、置换等）或债务重组>并购或股权转让>变卖资产。其核心就是增加净利

---

① 本书中，将特别处理与退市风险警示等同看待，按照风险警示的类型来看，有退市风险警示（*ST）和其他风险警示（ST），即所谓"摘星戴帽"一说。严格来说，"扣除非经常性损益后的净利润为正数"只是摘星的一个条件。在本书中，将摘星摘帽统称为"摘帽"。

润，扭亏为盈。

需要强调的是，在这些手段和方法中，有些对公司是有益的，但有些对公司可能是有害的。所谓有害，就是以摘帽为目的而损害公司长远的发展利益，即所谓杀鸡取卵、竭泽而渔的短期行为。这些行为，则是我国交易所《上市规则》中 ST 制度的"副产品"。

第三章　研究方案设计

通过回顾上市公司股票特别处理的相关文献，我们发现，现有的研究话题多涉及 ST 公司的亏损原因分析、财务特征分析、财务困境预测、公司盈余管理、市场反应、摘帽方法以及 ST 制度评价等方面，而对 ST 公司形成影响因素的研究较少，尤其是对那些摘帽后再也未被 ST 的这一类公司的判别因素及其特征研究更少。对这个话题的研究有助于股市的利益相关方从中吸收"正能量"，从影响 ST 公司特别处理的因素中发现积极因素，寻找到那些摘帽之后再也难被戴帽的盈利稳定表现较好的凯歌公司。

第一节　研究思路

本书的实证研究需要经过两个步骤和层次。

第一，对所选 ST 样本公司及其配对样本的按年度采用 Logit 逻辑回归模型进行回归，分析回归结果，并将回归结果代入原模型进行判别分析。

第二，从 1998~2013 年的"一进宫"且已经摘帽的 ST 公司中按照一定的标准选取凯歌公司，确定比较样本，采用 Logit 逻辑回归模型进行回归，并分析回归结果。

第二节 样本范围

一、ST 公司影响因素分析的样本范围

本书选取 2010~2013 年因两年连续亏损等因素被 ST 的深沪主板共计 62 家 ST 公司作为研究样本，选取 1998~2013 年同板块、同行业、同年份、规模相近（按营业收入差值最小标准）的从未被 ST 的公司（NST）作为配对样本进行配对样本的均值 T 检验（样本见本书附录 2：两年连亏 ST 公司与配对样本表）。

本书的数据来源于国泰安经济金融研究数据库（CSMAR）、相关上市公司公告和沪深两地交易所网站的相关资料。

这样，从时间上来说，以 2010~2013 年 4 年的 ST 公司为对象，对其从被 ST 年度的前 3 年至 ST 年度（即 T-3 年至 T0 年）4 年的财务特征的研究就更能反映这个特殊的时间序列特征，有一定的研究意义。

本书的研究样本选择和分布特点如下：

（一）样本较新、时间跨度较长，反映了新的时代特性

本书研究的样本选择的范围集中在 2010~2013 年被 ST 的初选公司 85 家，为了排除财务数据过少和一些包装嫌疑较大的情况，要求样本公司的上市时间至少在 3 年以上。在经过筛选后选定了 62 家公司作为研究样本，其中，2010 年 29 家，2011 年 20 家，2012 年 11 家，2013 年 2 家。

以 2010~2013 年被 ST 的公司为研究样本，主要基于：第一，会计准则以及会计环境的重大变化。2007 年全面实施的《企业会计准则（2006）》以及当年爆发的次贷危机所引发的国际经济政治大环境的重大变化的影响。第二，股票特别处理研究的时效性。我国学者对财务困境、ST 等的既

有研究主要集中在 ST 制度出台不久的较早阶段，但随着 ST 制度在我国的不断发展和完善，尤其是 2003 年实行风险警示制度到 2013 年设立风险警示板块以来，我国学者对这段时间内我国主板市场的 ST 公司的相关研究相对较少。

（二）样本数据收集和分析时间跨度较长，较好地涵盖了 2007~2013 年国际金融动荡和调整过程

本章中样本数据收集的时间集中在被 ST 的前三年和 ST 当年，即 T-3 年至 T0 年共 4 年的时间期间。这样，样本收集时间分别集中在 2007~2013 年的 7 年间，样本时间跨度长，这样的设计可以最大限度地达到研究的目的。

（三）选择"干净"样本，剔除样本数据在分析期间的已被 ST 尚未摘帽的情况干扰

我国 A 股主板市场的 ST 公司中存在着较多的多次被 ST 的公司，即"二进宫"甚至"三进宫"的情况，因此，对 ST 公司样本的选取，要求这些公司在被 ST 的前三年中没有被 ST 的记录（见本书附录 1：我国 493 家 ST 公司发展路径及状态分类表），以剔除样本数据在分析期间（T-3 年至 T0 年）因 ST 尚未摘帽的情况，即要求所选取的 ST 的样本公司在被 ST 的前三年是"干净"的。

（四）样本的选择集中在与 ST 公司经营有直接关系的原因方面

由于证监会和沪深交易所对 ST 的规定涉及多种情况和原因，从产生这些情形的原因分析，本书排除了那些偶发的、与公司经营关系不大的情形，即 ST 样本的原因主要涉及连续两年亏损，资产缩水，审计否定，权益缩水，经营受损等情况，排除了重大诉讼，财务破产，信息披露违规，投资风险，经营停顿和终止上市等多种情形。

（五）配对样本的选择方法较合理

本书对配对样本的选择采用与 ST 样本公司同行业、同期间、同规模和同板块四条标准进行。不同于已有文献中对配对样本的规模选择主要以资产规模相近为标准，基于 ST 公司最主要的原因是属于利润表项目的净

利润项目连续两年为负值这个基本事实，本书特别采用利润表的起始项目——营业收入作为规模相近的选择标准，并且采取 ST 样本公司与可供选择的配对公司营业收入差值的平方和最小作为配对样本的规模选定标准。另外，配对样本是从从未被 ST 的公司中选择，还是只从 2010~2013 年中未被 ST 的公司中选择也是一个需要认真考虑的问题。为了增强本书研究成果的普遍性，本书采用了第一种方法，以增强比较的效果。

另外，这 62 家按照 1998~2013 年 ST 状态（按进宫次数来分）来看，其状态分类、数量以及行业分布分别如表 3-1 和表 3-2 所示。

表 3-1　样本公司的 ST 状态分布

单位：家

T0	样本数量	"一进宫"—摘	"一进宫"—未摘	"二进宫"—摘	"二进宫"—未摘
2013 年	2	18	7		4
2012 年	11	3	3	3	2
2011 年	20	13	5	2	
2010 年	29				2
合计	62	34	15	5	8

表 3-2　样本公司的行业分类

单位：家

行业（证监会 2012 标准）	数量
电力、热力生产和供应业	5
电气机械及器材制造业	3
房地产业	4
非金属矿物制品业	2
黑色金属矿采选业	1
化学纤维制造业	3
化学原料及化学制品制造业	11
计算机、通信和其他电子设备制造业	4
酒、饮料和精制茶制造业	1
农副食品加工业	1
农业	1
批发业	5
汽车制造业	3
石油加工、炼焦及核燃料加工业	2

行业（证监会 2012 标准）	数量
水上运输业	1
通用设备制造业	2
橡胶和塑料制品业	3
医药制造业	2
有色金属矿采选业	1
有色金属冶炼及压延加工业	3
造纸及纸制品业	1
专用设备制造业	1
综合	2
总计	62

二、凯歌公司的样本范围

本书认为，凯歌公司首先是指那些在摘帽后再也未戴帽的一类公司；其次在 ST 制度的实际影响下，凯歌公司专指那些盈利能力强并且盈利稳定性好的"一进宫"且已经摘帽的公司。本书采用盈利稳定性指标作为筛选凯歌公司的依据。盈利稳定性指标可以用盈利能力指标和盈利能力标准差的商值加以界定，本书以净资产收益率（ROE）指标反映公司的盈利能力，以 ROE 指标在相关期间的标准差（sd_ROE）反映盈余的稳定性水平，因此，其商值 ROE/sd_ROE 反映了公司整体的盈利稳定性水平。

因此，盈利稳定性水平（Stability）用公式表示如下：

$Stability = ROE/sd\_ROE$

由公式可以看出，ROE 越高，sd_ROE 越小，公司的盈利稳定性（Stability）商值越大，盈利的稳定性越好，公司被 ST 的可能性就越小。

本书对凯歌公司的筛选按照如下步骤进行：

首先，计算 1998~2013 年的 311 家"一进宫"且已摘帽公司的盈利稳定性水平值，将其按由大到小的顺序排列，并进行 4 分位处理，取其前 50% 的公司。

其次，为考虑摘帽后 3 年的盈利稳定性水平，从 1998~2010 年共计有

176 家一进宫且已摘帽的公司①，计算这些公司在摘帽后 3 年内的盈利稳定性水平值，将其按由大到小的顺序排列，在 4 分位后取前 50% 的公司。如此，就可以得到摘帽后 3 年盈利稳定性水平位居前 50% 的公司。

最后，将上述两个步骤所确定的一进宫且已摘帽公司的共同部分在剔除金融类公司后，共有 69 家公司被确定为凯歌公司。也就是说，这 69 家公司无论从摘帽后 3 年还是整个 16 年的盈利稳定性水平来看都居于前列（前 50%），故将其认定为凯歌公司。具体凯歌公司名单及相关信息如第五章表 5-2 所示。

第三节 自变量的初步确定

在选取了研究样本之后，本书首先要对上市公司股票特别处理的相关实质性影响因素进行分析，以此为基础，对凯歌公司判别因素进行研究。本书在财务特征分析的基础上，总结出上市公司 ST 形成的影响因素主要在于行业特性、公司特性和产品特性三大方面，继而为决定凯歌公司判别因素的确定打下基础。因此，本书结合已有文献的研究成果，将股票特别处理和凯歌公司判别的主要影响因素初步确定为：产品的竞争力、行业特性（资本密集型和劳动密集型、行业发展的生命周期阶段）、公司规模、公司治理结构、研发强度、成立和上市年限、代理成本、公司效率、所在地贫富程度、摘帽时间以及股市特征等，希望从反映这些因素的具体指标中寻找合适的变量作为模型分析的自变量。

---

① 由于要计算摘帽后 3 年，所以需要从 311 家"一进宫"且已摘帽的公司中筛选出 1998~2010 年的"一进宫"且已摘帽的公司，一共 176 家。

一、产品特征

根据菲利普·科特勒的"4P营销组合方法理论",产品作为最核心的因素,与价格、渠道和促销一起,构成了营销理论下的策略组合。实际上,在现代营销实践中,许多营销人员已习惯将除产品之外的其他三个因素看作产品因素,在实战中接受了广义产品的概念,本书中也采用了广义产品的概念。从这个概念来讲,毛利率和市场份额成为反映产品竞争力的主要指标。

(一) 营业毛利率

营业毛利率指标和销售额指标一起,成为大多数公司对销售人员考核的一般做法。从财务会计角度看,毛利率等于销售毛利除以销售收入,其中销售毛利等于销售收入减去销售成本与销售税金之和的差值。从财务会计角度看,在利润表中,毛利实际上构成了利润表中第一层次的利润指标,不仅直接影响了销售收入的利润含量,而且决定了企业在研究开发和广告促销方面的投入空间(黄世忠,2007)。这说明,毛利是反映一个公司产品获利能力的最初始的指标,它提供了公司获取净利润的获利空间和未来发展空间,同时也反映了市场对公司产品的认可和接受程度。

另外,在激烈的竞争环境下,企业的可持续发展在很大程度上取决于企业的产品质量和产品品牌。毛利率越高,不仅表明企业所提供的产品越高端,也表明企业可用于研究开发以提高产品质量、可用于广告促销以提升企业知名度和产品品牌的空间越大。而研究开发和广告促销的投入越多,企业就可以培育更多的利润增长点,从而确保企业发展的可持续性。

(二) 市场份额

市场份额是一个公司的产品(服务)对目标市场占有的相对比例,该指标反映了企业对市场的相对控制能力。市场份额越大,企业对市场的控制能力越强,就会获得较大的话语权,反过来,又能促使公司保持一定的竞争优势。

严格来讲,市场份额是公司产品销量(销售额)与行业销量(或销售额）的比值。但由于行业销量（或销售额）数据存在着一定的获取难度，实践上常采用行业平均销量（或销售额）或者行业第一名销量（或销售额）进行代替，以反映公司的相对市场份额大小。

由于无法估算行业的总体规模，在本书中采用行业内上市公司营业收入第一名的公司作为行业领先者，用这些ST公司与该行业领先者的收入额比例替代反映市场份额和相对效率的高低。

二、上市公司规模和效率

公司规模是公司特征的一个重要方面。公司规模的大小，反映了公司的整体实力和掌控资源的能力，同时也反映了公司防范、抵御以及应对各种风险的能力，在一定程度上也反映出其在技术创新和研发方面的潜力。传统上，一般以营业收入作为公司规模判断的标准，如根据《中华人民共和国中小企业促进法》，我国制定了《中小企业标准暂行规定》，其中主要按照收入和员工人数两个标准认定企业的规模。除了产量规模外，人们还习惯于采用其他指标来反映公司的规模，如资产、负债、所有者权益、员工人数和股票总市值等指标。

公司的效率指公司的投入与产出比。反映投入的指标有资本投入、人员投入和时间投入等，反映产出的指标有产量、收入等指标；效率高低反映了公司管理层对所掌控资源的利用程度和资源配置能力的高低。在本书中，具体指标有人均营业收入、人均期间费用率、人均管理费用等指标。

三、研发强度

身处一个科技飞速发展的信息网络社会，无人能够忽视创新和研发的力量，企业家更是看重研发创新带给企业的竞争优势。研发是创新的主要途径，加大研发力度，提高研发强度是众多公司尤其是行业领先者获得竞争优势和核心竞争能力的主要方法之一。研发所带给公司的好处如下：一可以建立"人无我有，人有我新，人新我奇"的市场竞争优势；二可为公司产品差异化战略提供技术和产品支持，提高公司产品的竞争力；三可以延长公司的产品寿命周期，最大限度地挖掘市场利润。同时，我们也注意到，那些竞争力强的高新技术企业，高毛利率几乎是其共同的特征，因为毛利率创造了研发和销售空间（黄世忠，2007），毛利率越高，公司越可以有更大的利润空间进行市场开拓和研发行为；而低毛利率的公司则只能在有限的空间中苦心安排日常的费用支出，否则便会陷入亏损状态。因此，以研发费用占营业收入的比重所表示的研发强度反映了实际对这种研发空间的利用程度。

四、公司治理

公司治理是所有权与经营权两权分离的产物，是为实现公司股东利益最大化目标而对公司各种权力进行职责划分以形成相互制衡的制度安排。根据公司治理理论，公司治理主要包括股东大会、董事会、监事会和总经理的权责划分。结合本书，具体来说，需要考虑实际控制人的性质、董事和独立董事、监事会和高管人数；董事长与总经理是否为同一人；所有权与控制权的比例及其分离度以及代理成本（管理费用与营业收入的比值）。

需要强调的是，对期间费用，尤其是管理费用占收入的比重是区分公司管理层执行力、财务管控水平以及公司成熟度的重要指标，因此，它也是反映代理成本高低的重要指标。对该类指标的控制涉及众多具体的财务制度和内部控制，如报销制度、管理层尤其是高管层的薪酬制度、会议制度等。从更深层次讲，对该类指标的控制涉及预算的编制和执行、公司财务制度的制定和执行、管理层对该指标控制的责任部门以及监督部门（相关业务部门如营销部、人事部是责任部门，也是费用发生部门，财务部是监督部门）的态度和看法。可以说，对该类指标控制得比较好的公司一般是财务部门作用发挥比较好、发展较成熟的公司，这一点，在向众多有实践经验的公司管理层和营销人员的访谈中被多次提及并得到普遍认同。

五、行业特性

可以看出，上述四个方面的因素构成了上市公司股票特别处理的内因。根据矛盾论的基本理论，上市公司股票的特别处理是内因和外因共同作用的结果，内因构成了上市公司股票特别处理的根据，而外因在一定条件下会引起内因的相关变化。从这个角度说，就需要回答上市公司股票ST这个事项，是外部环境发生不利变化所引起，还是自身不足所导致。

任何一个公司的发展都无法摆脱所处环境的影响，其中，行业特性是一个关键因素。行业特性是不同行业之间相互区别的显著特征和标记，比如，"打铁先要腰板硬"就形象地描述了铁匠行业的特点。行业特性涉及行业类型（劳动密集型还是资本密集型、轻资产还是重资产行业）、行业生命周期及其发展阶段、行业规模、行业内上市公司的数量、行业竞争程度等。

（一）特别处理比例的行业内比较分析

ST比例的行业内比较是ST公司占同行业内所有A股上市公司的比例。本书在表3-3中列举了2010~2013年中按行业划分的ST比例。从表3-3中可以看出，在这4年中，房地产行业排在第一位，ST比例达到45%左右；综合类行业排在第二位，ST比例达到37%左右；工业、商业和金融业的ST比例基本在21%~30%。以房地产为例，2010~2013年，我国房地产行业经历了一个发展高峰，但由于该行业易受宏观政策影响，行业盈利稳定性较差，因此，该行业内的公司就较容易被ST，以至于ST比例最高。

表3-3 2010~2013年上市公司特别处理比例（按行业）

	行业	2010年	2011年	2012年	2013年
ST公司数量（家）	房地产	71	71	71	71
	工业	245	244	242	242
	公用事业	38	37	35	35
	金融	9	9	9	9
	商业	37	36	35	35
	综合	19	18	18	18
	小计	419	415	410	410

续表

	行业	2010 年	2011 年	2012 年	2013 年
按行业分类上市公司数量（家）	房地产	155	158	158	157
	工业	830	852	866	872
	公用事业	160	162	163	163
	金融	37	40	40	40
	商业	140	141	142	142
	综合	48	48	48	48
	上市公司总数	1370	1401	1417	1422
行业内 ST 比例（%）	房地产	45.8	44.9	44.9	45.2
	工业	29.5	28.6	27.9	27.8
	公用事业	23.8	22.8	21.5	21.5
	金融	24.3	22.5	22.5	22.5
	商业	26.4	25.5	24.6	24.6
	综合	39.6	37.5	37.5	37.5

从各行业内部 ST 公司占行业内上市公司总数量的 ST 比例来看，如图 3-1 所示，总体来看，1998~2013 年，各行业内 ST 公司的比例均呈下降趋势；在 2007 年后，ST 比例由高到低，依次是房地产行业、综合类行业、工业行业、商业行业和公用事业行业。

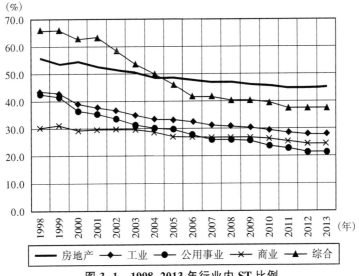

图 3-1　1998~2013 年行业内 ST 比例

(二)营业毛利率的行业比较分析

首先,我们需要对 1998~2013 年各行业中包括 ST 公司在内的所有 A 股上市公司的毛利率水平进行分析,如图 3-2 所示。

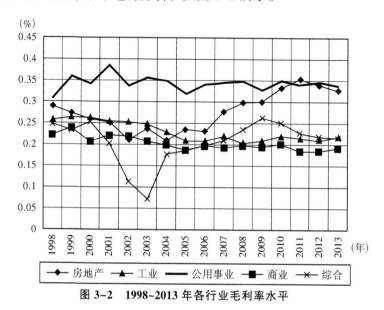

图 3-2　1998~2013 年各行业毛利率水平

可以看出,公用事业行业的毛利率 16 年来一直稳定在 34% 左右的水平上高居榜首;房地产行业在 2004 年的低谷之后,至 2011 年呈快速上升状态,毛利率由 22% 左右上升至 2011 年的 35% 左右;这里令人沮丧的是工业行业的毛利率总体呈下降态势,但在 2008 至今,基本稳定在 22% 左右;商业行业的毛利率处于最底层,基本与工业行业的下降总态势一致,2010~2013 年毛利率在 20% 左右。

表 3-4　2010~2013 年 ST 公司与 NST 公司行业毛利率

单位:%

类别	行业	2010 年	2011 年	2012 年	2013 年
所有 NST 公司	房地产	32	33	33	31
	工业	23	22	21	22
	公用事业	35	34	34	34
	商业	19	18	18	19
	综合	23	23	22	20

续表

类别	行业	2010 年	2011 年	2012 年	2013 年
所有 ST 公司	房地产	35	38	36	34
	工业	20	20	21	22
	公用事业	35	33	38	33
	商业	25	21	20	20
	综合	28	23	21	23
NST 公司与 ST 公司的毛利率差	房地产	−3	−4	−3	−2
	工业	2	1	−1	−1
	公用事业	0	1	−4	1
	商业	−6	−3	−2	−1
	综合	−5	0	1	−3

　　从表 3-4 可以看出，NST 公司这 4 年间在房地产、商业两个行业中的毛利率均要低于 ST 公司；工业行业在前两年要高于 ST 公司，后两年低于 ST 公司。这个结论似乎和之前得到的结论有所不同，原因是前面章节中对毛利率的分析建立在配对样本的同行业、同收入、同年份的前提之上。表 3-4 中反映的是总体的 ST 公司与 NST 公司毛利率的比较，当然与前面章节中的结论有所不同。

　　根据上述分析，本节对相关因素及其内容和具体指标总结如下，如表 3-5 所示。

表 3-5　自变量的初步确定

初步确定因素	包含内容	具体指标
行业特性	行业类型（资本密集型行业也是劳动密集型行业）、行业生命周期及其发展阶段、行业规模、行业内上市公司的数量、多元化等	人均资本
		资产结构
		行业毛利率
		行业期间费用率
		行业内上市公司数量
产品特性	毛利率、市场份额	营业毛利率
		营业收入/上市公司行业第 1 名收入
公司规模和效率	产量、收入、资产、负债、所有者权益、员工人数等规模和人均收入对比的效率指标	产量、资产、雇员人数、收入等
		负债
		人均收入/行业人均收入第 1 名

055

续表

初步确定因素	包含内容	具体指标
公司治理	实际控制人的性质、董事和独立董事、监事会和高管人数；董事长与总经理是否为同一人；所有权与控制权的比例及其分离度；代理成本	实际控制人性质（国有、非国有）
		董监高人数
		董事长与总经理是否兼任
		所有权与控制权比例
		两权分离度
		管理费用/营业收入
公司研发强度		研发支出/营业收入
公司股市特征		公司股价、每股净资产
		年度回报率
		日交易股数等
公司地理特征		公司所在地富裕程度、业务分布范围等

第四节　因变量的确定

本书拟以凯歌公司为研究对象，首先，研究 ST 公司形成的影响因素，对 ST 公司面对 ST 威胁时的动机和压力进行分析，结合"连续两年亏损"这个 ST 认定标准对上市公司盈利稳定性的内在要求，对 ST 摘帽公司中存在凯歌公司的可能性进行分析；其次，从盈利稳定性的角度对凯歌公司加以认定，对此类公司的财务特征进行总结，并在最后对凯歌公司判别的影响因素进行分析。

因此，本书的研究话题主要是对凯歌公司认定及其判别因素的研究，而对凯歌公司判别因素的研究以 ST 公司特别处理影响因素的研究为基础。因此，在因变量的确定上，本书以上市公司实际是否被特别处理（ST=1，NST=0）和 ST 摘帽公司是否构成为凯歌公司（KG=1，NKG=0）为因变量。

第五节 研究假设的提出

鉴于上述对自变量和因变量的相关分析,本书提出如下假设:

假设 1a:上市公司是否被特别处理与公司营业毛利率存在负相关关系;

假设 1b:ST 已摘帽公司能否成为凯歌公司与营业毛利率存在正相关关系;

假设 2:上市公司是否被特别处理与行业类型(劳动密集型还是资本密集型)存在相关关系,即人均资本越大,是否被特别处理可能性越小;

假设 3:上市公司是否被特别处理与行业内上市公司数量呈正相关关系,即行业内上市公司数量越多,公司成为 ST 公司的可能性越大;

假设 4a:上市公司是否被特别处理与负债呈正向关系;

假设 4b:ST 已摘帽公司能否成为凯歌公司与资产负债率存在负相关关系;

假设 5:上市公司是否被特别处理与研发强度呈反向关系;

假设 6:上市公司是否被特别处理与董监高人数比例呈正向关系;

假设 7:董事长兼任总经理的职位,增大了上市公司成为 ST 公司的可能性;

假设 8:ST 已摘帽公司能否成为凯歌公司与每股净资产存在正相关关系;

假设 9:ST 已摘帽公司成为凯歌公司的可能性与股价年度均值存在正相关关系;

假设 10:ST 已摘帽公司成为凯歌公司的可能性与摘帽时间存在负相关关系。

第六节　研究模型的形成

本书对 ST 公司及凯歌公司判别因素的研究采用 Logit 模型，该模型假设 X_i 是第 i 个公司的预测变量，a 和 b 是待估参数，那么，公司 i 发生事件 1 的概率可以由以下公式给出：

$$P(X_i, \ b) = \frac{1}{1 + e^{-(a+bxi)}}$$

或 $\ln\left[\dfrac{P}{(1-P)}\right] = a + bx_i$

这样，通过最大化对数似然函数 lnL（a，b）就可以估计出参数 a 和参数 b，从而就可以计算出事件——公司被 ST 和凯歌公司判别的概率 $P\ (X_i, \ b)$。

根据研究假设，本书的实证模型初步设定如下，相关变量及其定义如表 3-6 所示。

$$\ln\left[\frac{P_1}{(1-P_1)}\right] = a_0 + a_1 \times \text{Maoli\_ratio} + a_2 \times \text{Sjkzr} + a_3 \times \text{Employee} + a_4 \times \text{Rjzb} +$$

$a_5 \times \text{Ltx\_ratio} + a_6 \times \text{Djg\_em} + a_7 \times \text{Mgtexp\_rev} + a_8 \times \text{Rev\_em\_ratio} + a_9 \times \text{Jianren} +$
$a_{10} \times \text{Lia\_em} + e_1$

$$\ln\left[\frac{P_2}{(1-P_2)}\right] = b_1 \times \text{oeps} + b_2 \times \text{asset\_zz} + b_3 \times \text{asset\_incre} + b_4 \times \text{la} + b_5 \times$$

$\text{shareratio} + b_6 \times \text{maoli\_ratio} + b_7 \times \text{roe} + b_8 \times \ln\_\text{mv} + b_9 \times \text{retwd} + b_{10} \times \text{av\_clsprc} +$
$b_{11} \times \text{prc\_dif} + b_{12} \times \ln\_\text{volume} + b_{13} \times \text{pd\_zm} + e_2$

即分别为：

模型 1：

logit ST maoli_ratio sjkzr employee rjzb ltx_ratio djg_em mgtexp_rev

rev_em_ratio jianren lia_em

模型2：

logit kg oeps asset_zz asset_incre la shareratio maoli_ratio roe ln_mv retwd av_clsprc prc_dif ln_volume pd_zm

表3-6 变量定义

变量	定义与度量
ST	ST = 1，NST = 0
KG	KG = 1，NKG = 0
Maoli_ratio	上市公司的营业毛利率
Sjkzr	哑变量，实际控制人性质，1表示国有，0为非国有
Employee	上市公司员工规模，进行对数标准化处理
Rjzb	人均资本，即权益与员工人数的比值，对数标准化处理
Ltx_ratio	离退休人员占员工人数的比例
Djg_em	董监高人数占员工人数的比例
Mgtexp_rev	代理成本，即管理费用与营业收入的比值
Rev_em_ratio	人均创造收入与行业第1名人均收入比
jianren	董事长兼任情况，哑变量，1表示非同一人，0为同一人
lia_em	负债，对数标准化处理
Oeps	每股净资产
Asset_zz	资产周转率
Asset_incre	资产增长率
La	资产负债率
Shareratio	第一大股东持股比例
Roe	净资产收益率
Mv	股票总市值，进行对数标准化处理
retwd	年度个股回报率
av_clsprc	按月计算的年度收盘价均值
prc_dif	年收盘价与年度收盘价均值的差
Ln_volume	日均股票交易量，进行对数标准化处理
Pd_zm	戴帽与摘帽的期间（按年计）
Pojing	股票破净接近程度
Pf	摘帽公司所在省份的富裕程度

第七节　本章总结

人们对事物的认识总是由表及里、由浅入深的顺序进行的，对上市公司股票特别处理影响因素的研究与认识也是如此。本章旨在设计研究方案，为后续章节的实证研究奠定基础。因此，首先，本章明确了两大研究问题，即对 ST 公司和凯歌公司判别因素的研究；其次，在这两个问题的驱动下，本章明确了研究样本选自深沪两市 A 股上市公司中的 ST 公司，数据主要来源于国泰安经济金融研究数据库、上市公司公告以及各上市公司主页等；最后，本章对设定模型所需的自变量和因变量进行理论分析，在此基础上提出假设并建立了相应的分析模型。

通过分析，我们可以得到如下初步结论：产品因素、行业和公司因素是影响上市公司是否被 ST 的主要因素。具体来说，毛利率、人均资本、负债、实际控制人性质、董监高人数、研发强度、市场份额、每股净资产、股价年度均值、资产周转率等因素对凯歌公司的形成产生重要影响。并且，根据理论分析，我们进一步推测：上市公司毛利率越高，公司被 ST 的可能性越低，ST 摘帽公司成为凯歌公司的可能性越大，再次戴帽的可能性也越小；上市公司董监高比例越小和董事长和总经理兼任，公司被 ST 的可能性越大；上市公司人均负债率越高，公司被 ST 的可能性越大；ST 摘帽公司的每股净资产、资产周转率指标越高、股价年度均值越高，成为凯歌公司的可能性越大，再次戴帽的可能性也越小；ST 摘帽公司的资产负债率越高，成为凯歌公司的可能性就越小，再次戴帽的可能性也越大；ST 已摘帽公司能否成为凯歌公司与每股净资产、股价年度均值存在正相关关系；ST 已摘帽公司成为凯歌公司的可能性与摘帽时间存在负相关关系。

第四章 ST公司特别处理影响 因素的分析

第一节 ST公司财务特征分析

一、理论分析

我国大部分学者将上市公司财务困境研究的对象界定为财务状况异常而被特别处理（ST）的ST公司（陈静，1999；张玲、陈晓、吴世农，2000；吕长江，2004等）。但是，反过来说，上市公司的ST状态及其财务特征是否符合财务困境的状态或特征呢？

以往，我国学者对财务困境的研究主要与以下方面相联系：第一，符合破产的定义，由于《破产法》在我国的执行情况欠佳、非上市公司的相关数据难以取得，此情形仅仅成为一种概念性的理解；第二，财务困境是那些达到财务状况异常、其他异常而被ST或风险警示的上市公司。除此之外，财务困境还与经营困境、财务困难、持续经营能力受损、被出具无法表示或否定意见等相挂钩。可见，财务困境是一个很宽泛的概念。

那么，财务困境与ST确认标准中所规定的"异常"是不是一回事？

笔者认为，财务困境并不完全等同于 ST，ST 也并不必然就是财务困境状态，两者在概念和实质上存在相当的偏差。

基于此，本书专注于研究我国因达到财务状况异常或其他异常的确认标准而被特别处理或风险警示的 ST 公司（本书统称为 ST 公司）。本章的研究目标主要集中在通过对 ST 公司的财务特征的研究，从报表项目和财务指标两个维度，结合公司和行业的生命周期理论、战略管理理论和营销理论，对 ST 公司在时间序列上的显著特征是什么做出回答，也就是说，通过特征研究为 ST 的影响因素甚至于因果研究做出有益的探讨。

由于我国 ST 的制度设计遵循了"财务状况异常、其他异常—退市风险或前景不明—权益可能受损—警示"的以保护投资者权益不受损失为目的的逻辑思路，因此，我国的 ST 公司就一定有着有别于非 ST 公司的某种财务特征。另外，由于 ST 的原因分为连续两年亏损、资产权益缩水、经营停顿、审计否定等多种原因，这样能否从"ST 的原因类型—ST 公司财务特征"寻找 ST 公司的财务特征就成为一个需要研究的问题。

ST 公司的财务特征，是我国 ST 制度作用于 ST 公司从而在财务上反映出来有别于正常公司的特点，这个特点不仅是制度考核期间（如连续两年亏损期间）的结果，而且是一个较长时期的渐变过程在财务报表项目和财务指标中的反映。

目前，我国的利润表是按照多步式进行编制的，遵循了"营业利润—利润总额—净利润—综合收益"这样的逻辑思路，具体如图 4-1 所示。

具体来说，影响上市公司是否被 ST 的最重要、最直接的因素是净利润：

净利润 = 营业利润 +/-营业外收支净额 =（营业毛利 - 期间费用 +/-营业活动损益）+/-营业外收支净额

需要说明的是，毛利指标反映了竞争环境下社会对企业产品的认可和容纳程度；核心利润是主营业务和其他业务利润与三大期间费用差额的结果，它反映了公司最为核心的经济活动所带来的收益，具有较强的稳定性和可预期性；净利润是在社会对产品认可程度的基础上企业经营管理水平的综合体现，从时间序列上的特征来看，ST 公司的净利润一定遵从"亏

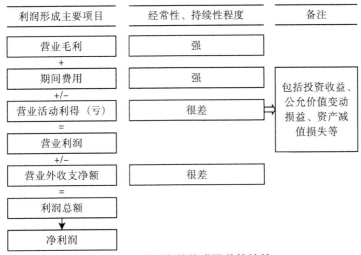

图4-1 净利润的构成及其持续性

（t-1）—亏（t-2）—盈（t-3）"模式。

从这些项目发生的频繁程度或者有无规律性，可以将影响净利润的相关项目划分为经常性、持续发生项目和不经常、偶发项目。经常性、持续发生项目有主营业务收入、主营业务成本、三大期间费用等，这些项目的特点是可预期性很强，可以看作为必然性较强的常发因素。因此，在会计上，其收入和成本（费用）项目要做到时间和因果逻辑配比，要符合配比性原则；不经常、偶发项目的特点是项目是否发生的可预期性很差，项目的收益（或利得）与项目的损失（或利亏）之间不存在因果关系，无法进行因果上的逻辑配比。

从这些项目变化在时间上的渐进性讲，一般说，经常性、持续发生项目的渐变期间更长，其可预测性也更强；而不经常、偶发项目发生的渐变期间很短，其可预测性很弱。一句话，影响公司经营成果——净利润的因素有常发因素和偶发因素，常发因素更多地属于内因，偶发因素多属于外因。

基于以上分析，对ST公司这两类因素财务特征的分析和研究显得很有必要，构成了本章进行ST公司财务特征分析的理论基础。

二、ST 公司财务报表特征分析

财务报表是综合反映会计主体财务状况、经营成果和现金流量情况的信息载体。对 ST 公司与其配对样本的财务报表项目进行均值差异的显著性分析，更能直接和直观地揭示其特征，有助于增强对随后指标分析结果的理解。本节以研究方案设计一章中所确定的样本作为财务报表特征分析的研究对象。

（一）对利润表有关项目的财务特征分析

62 家 ST 公司与从未被 ST（表中为 NST 公司）的配对样本利润表项目均值 T 检验为显著差异的项目如表 4-1 所示。

表 4-1　利润表项目配对样本均值 T 检验显著差异结果

报表项目		T0	T-1	T-2	T-3
营业毛利	NST			2.38e+08	
	ST			1.09e+08	
	T			1.8254*	
营业毛利率	NST	0.21922	0.2300	0.204	0.231
	ST	0.1530	0.0853	0.100	0.183
	T	2.3188**	3.4625***	3.1254***	1.7718*
财务费用	NST		3.82e+07	3.10e+07	2.70e+07
	ST		7.67e+07	6.12e+07	4.99e+07
	T		−1.8574*	−2.5012**	−2.1573**
资产减值损失	NST		6608840	1.40e+07	
	ST		1.16e+08	4.17e+07	
	T		−3.3417***	−3.6414***	
投资收益	NST	5.25e+07	3.04e+07		
	ST	2.45e+07	3545115		
	T	1.8033*	3.2407***		
营业利润	NST	92500000	69300000	78000000	
	ST	−218534	−278000000	−150000000	
	T	2.1226**	7.4563***	5.7960***	
营业外收入	NST	3.82e+07			
	ST	7.49e+07			
	T	−1.6849*			

报表项目		T0	T-1	T-2	T-3
营业外支出	NST		2346698	−100092.5	
	ST		1.47e+07	1.43e+07	
	T		−2.2629**	−2.1791**	
利润总额	NST	1.16e+08	1.05e+08	1.06e+08	1.32e+08
	ST	3.49e+07	−2.78e+08	−1.38e+08	5.41e+07
	T	1.6890*	6.8575***	5.8578***	1.6814*
净利润	NST		8.53e+07	8.42e+07	1.05e+08
	ST		−2.86e+08	−1.40e+08	4.50e+07
	T		6.6052***	5.9526***	1.7140*
综合收益	NST		91800000	125000000	67800000
	ST		−247000000	−162000000	29300000
	T		6.3235***	4.5265***	2.3255**
应计项目	NST		8.76e+07	−6.34e+07	
	ST		−4.68e+08	−2.63e+08	
	NST		2.3623***	2.6657***	
非经常性损益	NST	4.63e+07	4.11e+07	3.17e+07	
	ST	8.69e+07	−780429.6	1209151	
	NST	−2.1409**	3.7942***	2.9020***	
扣除非经营性损益后的净利润	NST	3.64e+07	3.39e+07	4.23e+07	
	ST	−6.16e+07	−2.74e+08	−1.35e+08	
	NST	2.6680**	6.0343***	5.7972***	
息税折旧摊销前利润	NST		1.91e+08	1.52e+08	
	ST		−8.50e+07	3.03e+07	
	NST		4.4152***	2.1845**	

注：表中 * 表示信赖水平为 90%，** 表示信赖水平为 95%，*** 表示信赖水平为 99%。

通过对表 4-1 的分析，结合与利润表相关的主要指标的属性，可以看出：

（1）从"综合收益—净利润—利润总额—营业利润—营业毛利率"这五个层次的重要收益指标看，NST 公司的利润总额和营业毛利率这两个指标在 4 年中（t_0 年至 $t-3$ 年）均显著好于 ST 公司的这两个指标。

毛利率是公司盈利的源头和根本，因此，ST 公司的产品竞争力低很可能是该类公司净利润表现不佳的根本。公司产品的竞争力低不是一个偶发事件，它是一个可预见的持续过程，其背后反映的是企业产品在面对供应商、消费者、潜在进入者等五方面进行战略整合的能力。

（2）从表 4-1 可以看出，ST 公司的非经常性损益项目在 t-1 年至 t-2 年该指标值要显著小于 NST 公司，但在 T_0 年则显著大于 NST 公司。非经常性损益项目是典型的偶发性项目，与公司经营活动无直接关系，对真实、公允地评价公司正常盈利能力造成"干扰"的各项收入和支出。基于此，证监会在《公开发行证券的公司信息披露规范问答第 1 号——非经营性损益》中特别指出要对该项目进行特别关注。

与此相对应，扣除非经常性损益后的净利润，ST 公司在 T0 年至 T-2 年 3 年中则显著小于 NST 公司。

（3）ST 公司的应计项目、息税折旧摊销前利润（EBITDA）在 T-1 年至 T-2 年两年中均显著低于 NST 公司，并且 ST 公司的应计项目在 4 年中的均值均为负值。

应计项目是公司净利润与经营活动产生现金流量净额的差额，是反映公司净利润质量即含金量的一个指标，西方谚语所谓"两鸟在林不如一鸟在手"就说明了这个道理。如果该项目为负值，说明公司净利润要低于经营活动产生现金流量净额，而且该指标值绝对值越高，公司未来的运营风险越高。

在剔除了非经常性损益、折旧、摊销、利息等因素的影响后，相比较净利润指标，"息税折旧摊销前利润"和"扣除非经营性损益后的净利润"这两个指标的波动性更小、更具有稳定性和更高的可预测性。

（4）对财务费用项目而言，ST 公司在 ST 当年的前 3 年就显著大于 NST 公司；资产减值损失在前 2 年就显著大于 NST 公司。这两个项目在 ST 当年与 NST 公司的项目均值差异均不显著，不排除对该项目进行了"洗大澡"操作的嫌疑。

（5）ST 公司投资收益项目在 T-1 年显著大于 NST 公司。

（二）对资产负债表相关项目的财务特征分析

在进行具体分析前，我们对 ST 公司及其所配对的 NST 公司的资产负债表项目可能会有一番猜想：第一，ST 公司如果作为一个处于"财务困境"的公司，其资产尤其是流动性资产，如现金、交易性金融资产、应收款或存货等应该低于 NST 公司的相关资产水平；其负债，如短期借款、长期借款等可能要高于 NST 公司；其所有者权益，应该低于 NST 公司。第二，从资产的结构看，处于"财务困境"的公司，其非流动资产如固定资产、持有至到期投资以及可供出售金融资产等占资产的比重应该高于正常公司。那么，ST 公司的实际是否和上述推断一致呢？

　　本节列示了 ST 公司与 NST 公司配对样本在 ST 当年及前 3 年（T-3 年至 T0 年）的一些主要的资产负债表项目。

　　1. 资产相关项目

　　资产负债表资产项目均值 T 检验结果存在显著差异的项目如表 4-2 所示。

表 4-2　资产负债表资产项目配对样本均值 T 检验显著差异结果

报表项目		T0	T-1	T-2	T-3
货币资金	NST		3.72e+08	3.72e+08	3.18e+08
	ST		2.24e+08	2.46e+08	2.00e+08
	T		1.8523*	1.6874*	1.8132*
营运资本	NST	3.19e+08	3.46e+08	2.38e+08	2.14e+08
	ST	−6.62e+08	−6.32e+08	−1.81e+08	−9.51e+07
	T	3.1225***	3.8505***	3.2937***	2.1862**
可供出售金融资产净额	NST		81800000	83400000	173000000
	ST		11900000	7117021	6219409
	T		1.7679*	2.1816**	2.0217**
投资性房地产净额	NST	3.86e+07	3.24e+07	3.39e+07	3.48e+07
	ST	9880200	1.74e+07	1.29e+07	1.24e+07
	T	3.0613***	1.6301*	2.4105**	2.1716**
固定资产净额	NST	3.86e+07	3.24e+07		
	ST	9880200	1.74e+07		
	T	3.0613***	1.6301*		

　　（1）从表 4-2 中可以看出：

　　第一，ST 公司的货币资金项目在 T-3 年至 T-1 年的 3 年里均显著低于 NST 公司的货币资金水平。ST 公司的货币资金低，可能由于负债高、销售不畅、固定资产投资大等原因造成。

第二，ST 公司的营运资金在 4 年中均为负值，且显著低于 NST 公司。营运资金是流动资产和流动负债的差额，营运资金为负值，即流动资产小于流动负债，营运资金低，说明资金的流动性差，继而对公司的短期偿债能力产生不利影响。

第三，ST 公司的投资性房地产金额在 4 年中显著低于 NST 公司。

第四，ST 公司的可供出售金融资产项目在 T0 年的前 3 年均显著小于 NST 公司。这种显著性的差异，主要是因为在我国 2007 年实行的新准则中，可供出售金融资产按照公允价值计价。那么，对 ST 公司来说，面对连续两年亏损而被 ST 的压力，将其所持有的可供出售金融资产进行出售以创造投资收益贡献利润就成为一种现实的选择，这也是造成 ST 公司该项目在被 ST 之前的连续 3 年显著低于 NST 公司的原因。

（2）从资产结构（各项目占总资产的占比）来说，ST 公司与 NST 公司存在显著差异的项目有（如表 4-3 所示）：

表 4-3　资产项目结构比配对样本均值 T 检验显著差异结果

资产结构		T0	T-1	T-2	T-3
货币资金（%）	NST		0.1392	0.1419	0.1311
	ST		0.1132	0.1023	0.1006
	T		1.7307*	2.7767***	2.252**
应收账款（%）	NST	0.0637		0.0692	
	ST	0.0846		0.0888	
	T	−1.8488*		−1.7348*	
存货（%）	NST	0.2194	0.2086	0.1935	
	ST	0.1572	0.16165	0.1674	
	T	2.2497**	1.7373*	1.0468	
可供出售金融资产（%）	NST			0.0177	0.0373
	ST			0.0015	0.0025
	T			2.5443**	2.4128**

一是货币资金——在ST的前3年，NST公司货币资金占比（平均13.7%）均显著高于ST公司（平均为10.3%），表明在ST之前ST公司的现金结构要低于NST公司，在ST当年，这种结构比差异的显著性明显降低，很可能是ST公司为应付被戴帽之后所进行的各种扭亏努力，通过处置、变现等各种方式提高货币资金比重。

二是应收账款净额——在ST当年及T-2年，ST公司应收账款占比（8.5%左右）均明显高于NST公司（6.6%左右）。

三是存货净额——在ST当年及前1年，NST公司的存货比重（约21%）明显高于ST公司（约16%）。

四是可供出售金融资产净额——在T-2年和T-3年，NST公司的比重（分别为1.8%和3.7%）均显著高于ST公司的比重（分别为0.16%和0.26%）。

除以上3项之外，ST公司其余资产主要项目的结构占比均与NST公司无显著差异。

2. 负债和所有者权益相关项目

对ST公司与NST公司的负债和所有者权益相关项目，其均值T检验结果存在显著差异的项目如表4-4所示。

表4-4　负债和所有者权益项目配对样本均值T检验显著差异结果

项目		T0	T-1	T-2	T-3
其他应付款	NST		103000000	80100000	78600000
	ST		312000000	256000000	139000000
	T		−3.1761***	−2.6659***	−2.4849**
未分配利润	NST	3.40e+08	2.80e+08	2.40e+08	2.04e+08
	ST	−3.66e+08	−3.99e+08	−1.02e+08	4.34e+07
	T	7.5631***	8.8904***	4.8380***	2.4523**
留存收益	NST	4.75e+08	4.06e+08	3.58e+08	3.14e+08
	ST	−2.80e+08	−3.19e+08	−2.07e+07	1.24e+08
	T	6.9466***	8.1788***	4.2174***	2.2499**
所有者权益	NST	1.59e+09	1.48e+09	1.35e+09	
	ST	7.89e+08	6.96e+08	8.83e+08	
	T	2.4206**	2.4468**	1.7071*	

从表 4-4 可以看出：

（1）负债项目中，除了其他应付款项目，其余项目如短期借款、应付账款、预收账款、其他应付款、长期借款等在 ST 公司和 NST 公司之间均无显著差异。

（2）其他应付款——在 T-3 年到 T-1 年的 3 年间，ST 公司该项目的水平持续显著高于 NST 公司，并且 T 值在持续增大，这说明其他应付款水平在 ST 公司和 NST 公司间的差异越来越显著。这种情况，可能是因为在我国，其他应付款项目主要核算应付、预收款项以外的其他应付项目，实践中流传着"其他应付款是筐，什么东西都可以装"的说法，许多公司的关联交易、假账、盈余管理等操作都通过该科目来完成。可以说，其他应付款反映着一个公司在购买和采购之外的其他应付款，在一定程度上反映出公司的内部控制和资金管理水平的高低。

（3）未分配利润和留存收益。

第一，在 T-3 年至 T0 年的 4 年中，NST 公司均显著大于 ST 公司。

第二，T-3 年是公司的盈利年度，当年未分配利润和留存收益也是正数，但在 T-2 年发生了重大逆转，不但 T-2 年的净利润为负，而且这两个项目也成为负值，在 T-1 年达到这 3 年的最大值。

未分配利润是公司积累形成的、尚未分配留待以后年度进行分配的利润，而留存收益是盈余公积和未分配利润的加总。因此，从 ST 公司与 NST 公司这两个项目在 T-3 年至 T-1 年的差异表现来看，可以推断，虽然 ST 公司在 T-3 年是盈利的，但这个盈利地位是不稳定的，在 T-2 年的亏损就足以将其推向连亏的泥潭。

（4）所有者权益——所有者权益是资产和负债相抵后的净额，反映了所有者的要求权。从表中数据可以看出，从 T-2 年至 T0 年，NST 公司的均值大于 ST 公司的均值水平，在 T-1 年显著性水平最高。

从上述分析可以看出，ST 公司在分析期之前的未分配利润不足以及在 T-2 年的亏损导致 ST 公司陷入亏损的困境，根本原因就是 ST 公司盈利能力不足、盈利储备不够和抗风险能力弱等。

（三）对现金流量表相关项目的财务特征分析

在现代竞争日趋激烈的经济社会中，"现金为王"的观念已经越来越被商界人士所尊崇。在此经营策略的影响下，从现金流的角度来讲，ST公司与NST公司有什么差异，ST公司的现金流表现出什么特点就值得我们进行研究。

ST公司与NST公司的现金流量表项目经过均值T检验后，呈显著差异的项目如表4-5所示。

表4-5　现金流量表项目均值T检验显著差异结果

报表项目		T0	T-1	T-2	T-3
资产减值准备	NST	1.16e+07	5475114	1.37e+07	1.43e+07
	ST	1.97e+07	1.14e+08	3.89e+07	8553289
	T	−1.1185	−3.2575***	−3.4315***	1.0909
应收账款减少	NST	−9.74e+07	−3.02e+07	−4.07e+07	−8.39e+07
	ST	−6.46e+07	6.76e+07	3494654	−5.97e+07
	T	−0.5189	−1.8166*	−0.7972	−0.4550
公允价值变动损失	NST	−73162	−251046	2456956	−1096359
	ST	−2640479	1108753	−671293	−2873735
	T	0.5142	−0.8523	1.7766*	0.6906
应付账款增加	NST	1.07e+08	3.72e+07	1.59e+07	1.19e+07
	ST	1457340	−1.23e+08	4.07e+07	−8798747
	T	1.6424	1.7116*	−0.6226	0.5288

从该表可以看出：

（1）除了"资产减值准备"等4个现金流量表项目呈显著差异之外，ST公司与NST公司在其他的项目上没有显著差异。

（2）现金流量表附表中的资产减值准备项目，实际指当年发生的资产减值，一方计入利润表中的资产减值损益，另一方计入资产负债表中的固定资产减值准备这个备抵科目，同时，在现金流量表附表中对其进行调加。可以看出，在T-2年至T-1年的两年中，ST公司与NST公司在该项目上存在显著差异。

在T-2年和T-3年两年连续亏损的期间，ST公司的该项目均值都为正值，并且都显著大于 NST 公司，这也存在着扭亏无望，索性多提减值在这两年里一次亏个够，为 ST 后转回做好准备，即不排除"洗大澡"的嫌疑。

三、ST 公司财务指标的比较分析

公司的财务指标是综合反映公司财务状况和经营成果的具体量化指标，相比较公司财务报表项目而言，财务指标反映的信息更具有相关性，因此，也更被广大投资者所乐于接受。从财务指标所反映的内容来讲，可以分为盈利能力指标、营运能力指标、偿债能力指标、发展能力指标和市场指标等方面。

（一）盈利能力指标

本节选取了营业毛利率、ROA、ROE 和每股收益（EPS）指标作为 NST 公司与 ST 公司进行盈利能力比较的对象。需要说明的是，由于配对样本的选取除了是同行业、同板块、同年份之外，还要求 ST 公司的营业收入与配对样本的营业收入规模相近（差的平方和最小），因此，以营业收入作为规模比较的因素，更能体现出两类公司在盈利能力上的差异。

ST 公司与 NST 公司在盈利能力指标上的均值差异如表 4-6 所示。

表 4-6　盈利能力指标配对样本均值 T 检验比较结果

指标		T0	T-1	T-2	T-3
营业毛利率	NST	0.2192	0.2300	0.2046	0.2318
	ST	0.1530	0.0853	0.1005	0.1834
	T	2.3188**	3.4625***	3.1254***	1.7718*
资产净利润率（ROA）	NST	0.0306	0.0328	0.0295	0.0489
	ST	0.0116	−0.1617	−0.0833	0.0208
	T	1.2624	8.7523***	9.0466***	2.4474***
净资产收益率（ROE）	NST	0.0576	0.0681	0.0654	0.0965
	ST	0.0258	−1.620	−0.3957	0.0213
	T	0.7974	1.8172*	2.7888**	2.6604**
每股收益	NST	0.1860	0.1940	0.2037	0.2577
	ST	0.0751	−0.6652	−0.3525	0.0915
	T	2.4312**	8.6679***	8.4886***	3.0218***

可以看出，ST 公司在这 4 项盈利能力的指标上，在被 ST 的前 3 年（T-3 年至 T-1 年），均要显著地小于 NST 公司。其中：

（1）营业毛利率和 ROA 指标两项指标，均值差异的 T 值逐渐增大，两类公司的盈利能力差距越来越明显。从 ST 公司营业毛利率均值在 T-3 年的 18％逐渐降低到 T-1 年的 8.5％，而 NST 公司基本保持在 22％左右。更需要强调的是，毛利率不仅反映了公司产品被社会接受和认可的程度，也反映了公司主营产品的科技含量、创新度以及营销运作水平。因此，通过对两类公司毛利率均值差异的比较，可以说，ST 公司的产品可能存在着产品设计落后、科技创新不够、缺乏创新和产品处于寿命周期末端等原因。

（2）在 T-3 年，ST 公司的 ROA 和 ROE 指标均值均为正，但也显著低于 NST 公司，结合之前对毛利等其他报表项目的分析，虽然在 T-3 年处于盈利水平，但公司的盈利能力可以说已经暗藏危机，只不过在 ST 制度设计的刺激下全面爆发而已。

当然，也存在着另外一种情况，即有些公司属于初创期，公司的产品在未来很有前途，但是在现阶段被社会和消费者接受还需要一段时间，那么，也会出现一个健康公司两年连续亏损的情况（姜国华、王汉生，2005）。

因此，对 ST 公司盈利能力的分析，除了对相关报表项目和指标分析之外，还应进行对其公司和产品的生命周期、战略、营销运作等方面的辅助分析。

（二）营运能力指标

公司的营运能力，是公司利用各种资源（如应收款、存货、固定资产等资产）产生收入的能力，即公司对各资产项目的利用效率情况。营运能力对盈利能力有放大作用，即同样的盈利水平，如果资产在一个会计年度内周转次数多 n 倍，那么其盈利就会相应增多 n 倍。应付账款周转率，反映了公司及时履行合同付款责任以及公司商业信誉水平情况（耿建新、谢清，2014）。因此，本节选取了以上指标作为 ST 与 NST 公司营运能力分析的基础。

ST 公司与 NST 公司有关营运能力指标均值 T 检验的分析如表 4-7 所示。

表 4-7　营运能力指标均值 T 检验结果

指标		T0	T-1	T-2	T-3
应收账款周转率	NST	776.98	1179.95	28.43	31.03
	ST	399.40	692.12	40.51	66.09
	T	0.4513	0.3647	−0.5195	−0.6931
存货周转率	NST	2179.68	14.188	6.505	6.069
	ST	17.444	284.82	12.685	85.425
	T	0.9869	−1.0043	−0.9930	−1.0558
固定资产周转率	NST	6.325	6.574	6.254	5.850
	ST	9.418	16.812	28.04	66.780
	T	−0.7464	−0.8544	−0.8773	−1.2647
总资产周转率	NST	0.623	0.614	0.664	0.643
	ST	0.719	0.543	0.581	0.615
	T	−0.8277	0.8349	0.9369	0.3547
应付账款周转率	NST	9.504	10.433	10.866	9.441
	ST	9.267	19.582	17.403	1324.847
	T	0.1083	−0.7267	−0.7066	−1.0111

从表 4-7 可以看出，上述 5 项指标均值在两类公司之间没有显著差异。但是，从两类公司在 4 年间，尤其是 T-3 年至 T-1 年的变动幅度来看，可以发现，NST 公司在周转率指标上表现得更为稳健、平稳，而 ST 公司则有较大波动。

（三）偿债能力指标

公司偿债能力是衡量公司健康与否的一个关键指标，尤其处在当今"现金为王"的商业竞争社会和更多强调诚信的法制社会。因此，从偿债能力指标均值来比较 ST 公司与 NST 公司之间的差异就很有必要。本节选用了流动比率等反映短期和长期偿债能力的若干指标进行两类公司偿债能力的分析。如表 4-8 所示。

表 4-8　偿债能力指标均值 T 检验结果

指标		T0	T-1	T-2	T-3
流动比率	NST	1.795	1.819	1.616	1.583
	ST	0.961	0.834	1.084	1.152
	T	3.7809***	4.8709***	2.6444***	2.4530**
速动比率	NST	1.205	1.155	1.056	1.044
	ST	0.6449	0.5399	0.7272	0.7702
	T	3.1066***	3.9845***	2.2114**	2.1849**
现金比率	NST	0.6089	0.562	0.488	0.421
	ST	0.287	0.202	0.228	0.201
	T	2.2128**	3.1171***	2.9559***	3.6450***
营运资金比率	NST	0.1442	0.1504	−0.0888	0.0337
	ST	−2.192	−1.465	−0.935	−1.025
	T	1.6063	2.8838***	1.4254***	1.7193*
资产负债率	NST	0.456	0.447	0.445	0.457
	ST	1.014	1.102	0.9339	1.559
	T	−2.5342***	−3.1148***	−2.7132***	−1.2417
利息保障倍数	NST	9.7585	7.852	6.186	17.908
	ST	4.100	−15.729	−312.734	19.955
	T	1.8016*	3.8522***	1.0016	−0.1561
产权比率	NST	1.084	1.0123	1.0319	1.087
	ST	6.565	4.837	2.1980	2.066
	T	−2.1465**	−3.4704***	−4.3449***	−2.3360**

从表 4-8 可以看出：

（1）ST 公司的流动比率、速动比率和现金比率在 T0 年至 T-3 年的 4 年中均显著低于 NST 公司，其中，ST 公司的流动比率均值在 0.8~1.1，速动比率在 0.5~0.8，现金比率在 0.20~0.28，NST 公司的这两个指标的均值范围分别在 1.6~1.8、1.0~1.2 和 0.42~0.61。

（2）ST 公司的产权比率在 T0 年至 T-3 年的 4 年中均显著高于 NST 公司，ST 公司的均值在 4 年中逐年攀升，从 T-3 年的 2.06 上升到 T0 年的 6.6 倍，而 NST 公司的均值在 4 年中则一直保持在 1.1 以下的水平。

产权比率是负债与所有者权益的商，因此，也可以说产权比率反映了公司的负债受所有者权益保护的程度。ST 公司产权比率从 T-3 年的 2.06

上升到 T0 年的 6.6，说明 ST 公司的负债已经完全超出所有者权益的保证程度，达到了一个失控的境地；相反，NST 公司的产权比率指标则一直保持在 1.1 以下的水平。

（3）从表 4-8 还可以发现一个非常有意思的现象，那就是，在 T-3 年至 T0 年的 4 年中，这些指标值在 ST 公司与 NST 公司间均值差异的显著性水平——T 值，都在 T-1 年达到最大。也就是说，无论是短期偿债能力还是长期偿债能力指标，都在第二个亏损年度达到最显著的水平。

ST 的制度安排确实给 ST 公司带来"摘帽"的巨大压力，ST 公司也都在穷尽各种办法扭亏为盈，但值得关注的是，虽然大多数 ST 公司在 T0 年扭亏为盈摘掉了 ST 的帽子，但这些指标均值的差异都在 T0 年仍然显著（如产权比率平均达到 6.6），一是说明扭亏办法有限，二是说明公司眼前更重要的任务是扭亏为盈，而不是改善偿债能力，这种情形真有些饮鸩止渴的意思。

（四）发展能力指标

公司财务管理的目标是生存、发展和获利。那么，对于两年连亏被 ST 的公司来讲，对其发展能力进行评价是认识 ST 公司的一个重要方面。本节选用固定资产增长率等 5 项发展能力指标对 ST 公司的固定资产投资、利润、收入和现金流增长方面进行发展能力方面的分析，如表 4-9 所示。

表 4-9　发展能力指标均值 T 检验结果

指标		T0	T-1	T-2	T-3
固定资产增长率	NST	0.3006	0.0968	0.1176	0.0748
	ST	−0.0529	−0.0063	−0.0225	0.4345
	T	1.4033	1.3989	2.2641**	−1.1084
资产增长率	NST	0.1283	0.0928	0.0467	0.1824
	ST	−0.0154	−0.0798	0.082	0.0889
	T	4.479***	5.2988***	−0.3312	1.6324
净资产增长率		1.091	1.101	1.078	1.213
		1.074	0.6881	0.7713	1.084
		0.3153	5.4803***	5.3993***	1.9059*

指标		T0	T-1	T-2	T-3
利润总额增长率	NST	—	0.228	0.5627	1.165
	ST	—	−28.377	−10.367	0.494
	T	—	8.4255***	6.9971***	1.3042
营业利润增长率	NST	—	0.5849	0.4121	4.3693
	ST	—	−29.337	−10.945	−0.1223
	T	—	7.1165***	4.9448***	1.1428
营业收入增长率	NST	0.1081	0.0444	0.2294	0.2164
	ST	11.187	−0.0653	−0.0452	0.3973
	T	−1.6548	1.7945*	2.0223**	−0.6381

从表 4-9 可以看出，ST 公司的固定资产增长率指标在 T-2 年显著低于 NST 公司，且其均值在此时出现负增长。与资产增长率指标不同，ST 公司的净资产增长率指标在 T-3 年至 T-1 年的 3 年中，均显著低于 NST 公司。需要强调的是，由于在 T-3 年 ST 公司的净资产开始为负值，也就是说，ST 公司净资产的增长率是负增长率。这种趋势在 T0 年仍未得到改善。另外，虽然选用营业收入作为配对样本规模选择的因素，但 ST 公司的营业收入增长率在 T-1 年和 T-2 年仍然要显著低于 NST 公司。

这也从发展能力的角度说明，我国 ST 制度仅仅是从风险警示的角度所做出的一项制度安排，ST 公司只不过主要由于其获利空间的指标——毛利率降低或其盈利模式出现问题所导致其亏损。

（五）市场指标

本节选用了每股净收益（EPS）、市盈率（PE）、市净率等 5 项指标作为分析 ST 公司与 NST 公司市场反应差异的指标。如表 4-10 所示。

从表 4-10 可以看出：

（1）ST 公司的每股净资产指标在 4 年中的均值在 1.0~2.23，而 NST 公司的均值在 3.18 以上，均显著低于 NST 公司。

（2）ST 公司的市盈率指标在 T-3 年和 T-2 年均显著高于 NST 公司，主要是因为 ST 公司的每股收益显著低于 NST 公司所引起。

表 4-10　市场指标均值 T 检验结果

指标		T0	T-1	T-2	T-3
每股收益	NST	0.193	0.191	0.2248	0.249
	ST	0.078	−0.617	−0.356	0.107
	T	2.1740**	9.8060***	11.8744***	3.4184***
每股净资产	NST	3.376	3.294	3.187	3.253
	ST	1.292	1.017	1.679	2.227
	T	7.2592***	8.3773***	5.2871***	2.9263***
市盈率	NST	—	—	166.213	136.089
	ST	—	—	700.466	306.196
	T	—	—	−2.2696**	−3.0435***
市净率	NST	4.4762	4.2606	3.2185	5.3917
	ST	21.844	8.2069	3.2786	2.8600
	T	−1.7713*	−1.3652	−0.0291	0.9282
托宾 Q 值	NST	2.3192	2.1465	1.8601	1.9387
	ST	2.6141	2.2206	1.9642	1.6792
	T	−0.8877	−0.3582	−0.6192	1.7347*

（3）ST 公司在 T0 年的市净率指标要显著高于 NST 公司，这主要是因为 ST 公司的每股净资产在该年显著低于 NST 公司所引起。

（六）关于几个扩展指标

受 Z 指数模型中几类变量的启发，本节将结合不同的 Z 指数预测模型[①]中所应用的变量，来进行这些变量指标的均值 T 检验，如表 4-11 所示。

从表 4-11 可以看出：

（1）在有关流动性的 3 个指标中，在 4 年中，ST 公司与 NST 公司均表现出显著差异。结合前面各节的分析可以说，ST 公司的流动性弱、偿债能力低是其主要特征之一。

---

① 美国的 Z 指数预测模型由 Altman 提出，相关指标有营运资本/总资产、留存收益/总资产、息税前利润/总资产、资本市值/债务账面价值和销售收入/总资产 5 个指标；日本的 Z 指数预测模型中，相关变量有销售额增长率、总资产增长率、盈利分配率、资产负债率、流动比率和粗附加值增长率 6 个变量；台湾学者所设计的变量有速动比率、营运资本/资产总额、固定资产/净资产、应收账款/销售净额和现金流入量/现金流出量 5 个指标。

表 4-11　扩展指标的均值 T 检验结果

指标大类	具体指标		T0	T-1	T-2	T-3
流动性指标	营运资本/资产	NST	0.1588	0.1658	0.1348	0.1268
		ST	−0.3347	−0.3520	−0.2011	−0.1855
		T	2.484**	3.972***	3.012***	2.230**
	流动比率	NST	1.795	1.8192	1.616	1.583
		ST	0.9617	0.8344	1.084	1.152
		T	3.780***	4.870***	2.644**	2.453**
	速动比率	NST	1.2056	1.155	1.056	1.044
		ST	0.6449	0.5399	0.7272	0.7702
		T	3.106***	3.984***	2.211**	2.184**
现金流指标	息税折旧摊销前利润/资产	NST	0.060	0.0622	0.0561	0.0832
		ST	0.0263	−0.1235	−0.01412	0.0350
		T	2.777***	4.542***	4.929***	1.794*
	息税折旧摊销前利润/营业收入	NST	0.2021	0.14976	0.0996	0.2006
		ST	0.1306	−4.01	−0.5072	−0.2491
		T	0.418	1.5635	1.5653	1.531
	息税折旧摊销前利润/负债		0.2384	0.2068	0.1711	0.2258
			0.0427	−0.1688	−0.0393	0.1078
			2.326**	5.074***	5.925***	3.353***
类产权比率	市值/负债	NST	9.449	8.811	6.290	8.077
		ST	5.733	4.647	3.912	5.556
		T	1.239	1.835*	2.489**	2.286**
偿债能力	资产负债率	NST	0.4566	0.4476	0.4452	0.4576
		ST	1.014	1.102	0.9339	1.559
		T	−2.53***	−3.114***	−2.713**	−1.241
信用指标	盈余公积/资产	NST	0.1574	0.1513	0.1437	0.12776
		ST	−0.9326	−1.091	−0.7941	−2.814
		T	2.515**	2.616**	2.225**	1.133
成长性指标	销售增长率	NST	0.1081	0.0444	0.2294	0.2164
		ST	11.187	−0.0653	−0.0452	0.3973
		T	−1.654	1.794*	2.022**	−0.638
	资产增长率	NST	0.1283	0.0928	0.0467	0.1824
		ST	−0.0154	−0.0798	0.0822	0.0889
		T	4.479***	5.298***	−0.331	1.632

续表

指标大类	具体指标		T0	T−1	T−2	T−3
股东获利指标	股利分配率	NST	0.7537	—	−0.331	1.193
		ST	0.2649	—	4.278	2.995
		T	0.752[1]	—	−0.181[2]	−0.97[3]
收入质量指标	应收账款/收入	NST	0.1500	0.1503	0.1431	0.184
		ST	0.1415	0.2039	0.2466	0.1791
		T	0.311	−0.849	−1.404	0.129
营运能力	营业收入/资产	NST	0.5922	0.5859	0.6578	0.614
		ST	0.7261	0.5741	0.6210	0.5855
		T	−1.217	0.141	0.357	0.380
资本强度指标	固定资产/所有者权益	NST	0.5900	0.5796	0.584	0.5918
		ST	2.317	1.201	0.0466	−7.095
		T	−2.264**	−0.801	0.750	0.942

（2）在有关息税折旧摊销前利润的 3 个现金流指标中，ST 公司的 EBITDA/asset 和 EBITDA/lia 两个指标在 4 年中均显著低于 NST 公司，而 EBITDA/rev 指标则在 4 年中均不显著，这主要是因为配对样本是根据同收入规模的标准来进行选取。

（3）资本市值/债务账面价值（MV/lia）指标是一种财务结构指标，类似于产权比率指标，该指标用股东权益的市场价值取代了账面价值，因而对产权比率进行了修正，能更客观地反映公司的价值大小。

可以看出，ST 公司的资本市值/债务账面价值（MV/lia）指标在 T−3 年至 T−1 年的 3 年中显著低于 NST 公司，联系所分析过的产权比率指标，可以说，NST 公司市值相对更高。

（4）留存收益/资产（RE/asset）指标反映的是在企业全部资产中累计所创造的留存收益有多少，留存收益反映了公司既往的盈利积累和风险应

---

[1] NST 有 21 个观测值，ST 有 3 个观测值，自由度为 22。
[2] NST 有 28 个观测值，ST 有 3 个，自由度为 29。
[3] NST 有 25 个观测值，ST 有 13 个，自由度为 36。

对水平的高低，在一定程度上可以代表公司信用历史（周守华，2010）。可以看出，该指标在 T-2 年至 T0 年的 3 年中，ST 公司要显著低于 NST 公司。

四、我国 ST 公司的主要财务特征

会计作为一种"过程的控制和观念的总结"，其信息是主体相关活动在会计规则约束下的数字反映。因此，ST 与 NST 两类公司众多的、相互联系的财务报表项目的显著性差异仅仅是一种以发现显著差异为目的的研究，还需要再从中追根溯源、去粗取精，找到其中的主要差异。

为此，根据上述章节的相关分析，本节根据报表项目间的勾稽关系将存在显著差异的利润表、资产负债表和现金流量表报表项目在一张图中加以反映，力图以此展示显著差异背后的 ST 公司行为，如图 4-2 所示。

我们知道，毛利、营业利润、EBITDA 和扣除非经营性损益后的净利润反映了利润的最稳定和最根本的来源。对图 4-2 中的一些指标差异说明如下：

（1）ST 公司扣除非经营性损益后的净利润指标在 4 年中持续显著低于 NST 公司，从绝对数角度对上述分析进行了进一步证明。我们知道，非经营性损益所包含的内容都具有暂时性、偶发性和可操作性强的特点，而证监会要求上市公司披露扣除非经营性损益后的净利润信息并且要求注册会计师加强对此非经常性损益的关注是督促上市公司重视对根本性问题的重视。

（2）未分配利润和留存收益项目 4 年中持续显著偏低，从利润指标的最末端对上述两点分析进行了证明。这表明 ST 公司的根本盈利能力不足不是某一年某一时的意外，而是其因产品毛利率低、竞争力差所导致的盈利模式可能存在的问题。

（3）其他应付款余额在 4 年中持续显著高于 NST 公司。在我国，其他应付款账户是一个比较特殊的账户，也一度有"其他应付款是个筐，什么东西都可以装"的说法，尤其是该账户存在着隐藏收入、抽逃出资、公司资金无序拆借等不正常的交易或事项，其中反映的内容因该账户的特点而

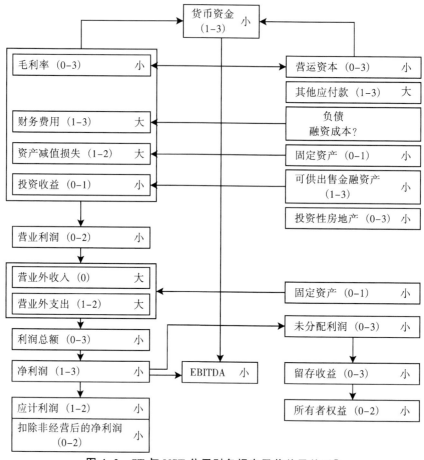

图 4-2　ST 与 NST 公司财务报表显著差异关系[①]

无法尽述。该账户 ST 公司显著高于 NST 公司至少说明该公司在资金的管理上存在着管理混乱、公司内部控制存在问题的可能，或者该款项的清结方面存在着较大的问题，可能存在着利用该账户掩盖或隐藏会计操作进行盈余管理的可能。

---

　① 本图中，报表项目后括号内的数字表示存在显著性差异的年份，如 (0-3)，表示两类公司的该项目在 T0 年至 T-3 年均存在显著差异，随后的"大"或"小"是 ST 公司与 NST 公司显著性比较的结果。

在上述报表项目主要财务特征分析的基础上，将指标均值T检验中ST公司与NST公司有显著差异的项目抽取出来，按照指标的属性及其T值的特征进行分类，我们便可以得到ST公司的财务特征全貌，如表4-12所示。

表4-12　我国ST公司与NST公司相关项目均值差异显著性总览

	指标	T0	T-1	T-2	T-3
盈利能力	营业毛利率	2.318**	3.462***	3.125***	1.771*
	每股收益（EPS）	2.431**	8.667***	8.488***	3.021***
	资产净收益率（ROA）		8.752***	9.046***	2.447***
现金流	Ebitda/asset	2.777***	4.542***	4.920***	1.794*
	Ebitda/lia	2.326**	5.074***	5.925***	3.353***
流动性	流动比率	3.780***	4.870***	2.644***	2.453**
	速动比率	3.106***	3.984***	2.211**	2.184**
	现金比率	2.212**	3.117***	2.955***	3.645***
	营运资本/资产	2.484**	3.972***	3.012***	2.230**
长期偿债能力	产权比率	−2.146**	−3.470***	−4.344***	−2.336**
	资产负债率	−2.534***	−3.114***	−2.713***	
成长性	净资产增长率	0.315	5.480***	5.399***	1.909*

从表4-12中可以看出，财务指标均值的显著性差异主要反映在盈利能力、现金流能力、流动性、长期偿债能力、成长性五个方面。具体分析如下：

1. 盈利能力方面

第一，ST公司的毛利率指标在4年里持续显著弱于NST公司，这反映了ST公司所存在的根本性问题。从营销学角度来说，公司在产品、渠道、促销和价格（4P）组合策略形成了产品的竞争力，而毛利率低则反映出公司产品的竞争力差。但是，提高产品的竞争力、改善公司毛利率是属于公司的"内功"，绝不是一朝一夕或采用一般的会计操作就可以见效的问题，4年中两类公司均值差异持续显著就说明了这个问题。

第二，由于毛利率低，ST公司主要依赖于"以量取胜"的低附加值经营策略，但这种策略最大的问题在于公司的产品缺少竞争力，公司抗风险的能力较差。因此，反映在利润表上，就会通过"毛利率—营业利润—利润总额—净利润—综合收益—留存收益—所有者权益"这个链条传导。因此，每股收益和资产净收益率（ROA）低于 NST 公司也就不足为奇。

2. 现金流方面

虽然通过现金流量表项目的分析，未能发现值得关注的显著差异项目，但息税折旧摊销前利润（EBITDA）反映了与净利润相关的净现金流，因此，EBITDA 项目与资产或负债的比值能够反映资产或负债产生这种净现金流的能力。可以看出，在 4 年中，这两个指标在两类公司间均存在显著差异，反映出 ST 公司的资产和负债在创造 EBITDA 方面能力上显著不足。

3. 长期偿债能力

产权比率和资产负债率是反映公司资本结构和负债程度的重要比率，适中的资本结构和适度负债是一个公司发展所必须解决的财务问题。ST 公司在这两个指标上都表现出与 NST 公司的显著差距。

4. 流动性

流动性是一个公司短期偿债能力的体现，也反映了一个公司的经营活力。可以看出，ST 公司与 NST 公司相比，在流动比率、速动比率、现金比率以及营运资本与资产比率这四个指标上均存在显著不足。这说明 ST 公司受不良资本结构的影响，公司的流动性出现了较大问题。也就是说，公司的流动负债偿还除了动用所有的流动资产外，不足的部分还需要借助于借新债还旧债、变卖长期资产等方式进行及时偿还，这对一个公司的正常发展来说，可以说是致命的缺陷。

5. 成长性

成长性反映了一个公司的未来发展潜力。从前述分析可以看出，两类公司在收入增长率、资产增长率等方面差异不大，但在净资产增长率上，两类公司在 3 年中有着显著差异，这也很好理解，主要是由于"毛利率—营业利润—利润总额—净利润—综合收益—留存收益—所有者权益"这个链条传导而造成的 ST 公司净资产不断被亏损侵蚀所形成。

第二节 ST公司特别处理影响因素分析

本章将基于前一章所确定的模型，以2010~2013年62家股票特别处理上市公司及其配对样本组成124个总样本，展开对上市公司股票特别处理影响因素的实证研究。

由于风险警示是通过标示"*ST"或"ST"（所称"摘星戴帽"）反映在公众的视野中，这也给了投资者一种公司陷入了财务困境之中的假象。因此，对于一些公司而言，便会早在达到连续两年亏损而在下一年初被特别处理的年度（T0年）的前一年或者前两年，甚至于前三年（T-3年）这样一个盈利年开始进行统筹安排的制度博弈。这里需要回答的问题是，这些公司究竟是什么样的公司；具有什么样的财务和非财务特征；哪些是外因，哪些是内因；以及外因与内因发挥了一个什么样的作用。本章的设计旨在对这些问题进行令人比较满意的答复，为了使不同量纲的变量值具有可比性，我们需要把模型中的相关变量去规模化，即进行标准化处理。

一、实证结果分析

（一）描述性统计

1. 自变量的描述性统计

表4-13报告了ST公司在被宣告特别处理年度前3年至前1年（T-3年至T-1年）自变量的描述性统计结果。从该表可以看出：

第一，毛利率指标在三年中，ST公司与NST公司均显示出显著差异。三年中，NST公司的毛利率始终保持在20%~23%，而且其中值也稳定在19%~20%的水平上；而ST公司的毛利率在这三年中持续降低，依次为18%、10%和8%。作为与同行业的NST公司的比较，ST公司毛利率下降

表4-13 关于上市公司股票特别处理的自变量描述性统计（t-3年）

ST	0						1						T值
	mean	sd	Min	max	p50	N	mean	sd	min	max	p50	N	
T-3年													
Maoli_ratio	0.232	0.151	-0.046	0.606	0.199	62	0.183	0.153	0.001	1	0.156	62	1.772*
Sjkzr	0.581	0.497	0	1	1	62	0.468	0.503	0	1	0	62	1.257
Employee①	1466	1094	67	4599	1199	62	2384	3300	8	21915	1489	62	-2.079**
Rjzb	1.223e+06	1.296e+06	201863	5.100e+06	722000	61	707561	3.998e+06	-1.60e+07	1.80e+07	457000	62	0.959
Ltx raio	0.161	0.335	0	1.701	0	62	0.068	0.179	0	0.920	0	62	1.949*
Djg em	0.022	0.0295	0	0.194	0.013	62	0.087	0.251	0	1.625	0.011	62	-2.044*
Mgtexp_rev	0.090	0.079	0.006	0.432	0.068	62	0.475	2.802	0.005	22.11	0.065	62	-1.082
Rev_em_ratio	0.586	0.986	0	6.019	0.288	62	0.356	0.482	0	2.493	0.177	62	1.654
Jianren	0.871	0.338	0	1	1	62	0.790	0.410	0	1	1	62	1.194
Lia em	1.256e+06	1.707e+06	82057	9.900e+06	615385	61	2.083e+06	4.152e+06	86775	2.400e+07	599492	62	-1.44
T-2年													
Maoli_ratio	0.205	0.176	-0.430	0.741	0.189	62	0.101	0.193	-0.635	0.739	0.094	61	3.125**
Sjkzr	0.597	0.495	0	1	1	62	0.532	0.503	0	1	1	62	0.720
Employee②	3340	14369	49	113375	1246	61	2353	3307	9	21012	1387	62	0.527
Rjzb	1.659e+06	3.110e+06	9702	1.700e+07	740276	61	577369	4.049e+06	-1.800e+07	1.500e+07	367805	62	1.660*
Ltx raio	0.189	0.374	0	1.450	0.003	56	0.010	0.236	0	1.188	0	55	1.516
Djg em	0.027	0.043	0.000	0.265	0.014	60	0.090	0.242	0.000	1.444	0.012	61	-1.999*
Mgtexp_rev	0.094	0.084	0.005	0.531	0.071	62	0.334	1.341	0.012	10.26	0.082	61	-1.410

① 由于模型中对该变量进行了对数标准化的处理，为了更直接地反映出该变量实际意义，在此表中该指标是标准化之前的实际值。Rjzb 和 Lia_em 指标同此。下同。

续表

ST	0						1						T值
	mean	sd	Min	max	p50	N	mean	sd	min	max	p50	N	
Rev_em_ratio	1.017	2.111	0.000	13.80	0.363	57	0.634	1.631	0.008	11.60	0.208	56	1.077
Jianren	0.931	0.256	0	1	1	58	0.852	0.358	0	1	1	61	1.373
Lia em	1.462e+06	2.307e+06	6880	1.050e+07	542986	61	2.155e+06	3.864e+06	106340	1.940e+07	705270	62	-1.350
T-1年													
Maoli_ratio	0.230	0.158	-0.038	0.701	0.198	62	0.085	0.288	-1.506	1	0.070	61	3.463***
Sjkzr	0.581	0.497	0	1	1	62	0.532	0.503	0	1	1	62	0.539
Employee	1550	1158	46	4958	1110	61	3245	10065	9	79196	1274	62	-1.301
Rjzb	2.226e+06	5.215e+06	183542	2.900e+07	816078	61	94086	3.577e+06	-1.900e+07	8.300e+06	210435	62	2.648**
Lix raio	0.255	0.537	0	2.517	0.032	55	0.132	0.291	0	1.256	0.002	51	1.445
Djg em	0.033	0.063	0.003	0.283	0.013	61	0.093	0.241	0.000	1.444	0.012	62	-1.906*
Mgtexp_rev	0.108	0.104	0.003	0.680	0.084	62	2.124	11.43	0.011	87.45	0.098	61	-1.389
Rev_em_ratio	0.935	2.036	0.006	10.20	0.343	60	0.502	0.816	8.06e-05	4.770	0.190	60	1.530
Jianren	0.951	0.218	0	1	1	61	0.852	0.358	0	1	1	61	1.834*
Lia em	1.800e+06	3.131e+06	50891	1.530e+07	567901	61	2.567e+06	4.403e+06	82430	2.060e+07	771577	62	-1.221

的表现说明 ST 公司自身的产品竞争力不强，市场对其产品品质、售价的认可和接受程度不高。当然，毛利率低导致这一类公司的销售空间和研发空间受到挤压会更进一步促使这类公司减少销售力度和研发投入。

第二，ST 公司哑变量实际控制人的样本均值在三年中均低于 NST 公司，但差异并不显著。这说明 ST 公司实际控制人的非国有成分较多一点，而 NST 公司实际控制人的国有成分要多一点。

第三，在员工人数上，在 t-3 年，ST 公司的员工人数要显著高于 NST 公司，平均要多出 1000 人左右。由于 NST 配对样本的选择标准是同行业、同收入规模和同年份，而 ST 公司员工人数显著偏高，说明 ST 公司的效率偏低，这一点在人均收入指标上也可以得到体现。

第四，从离退休人员占员工总数的比例看，三年中，NST 公司的均值均高于 ST 公司，而且第 T-3 年是显著的。由于离退休人员一般存在于国有性质的上市公司之中，因此，可以说，ST 公司中的非国有成分要更高，这个结论和第二点的结论是一致的。

另外，从实际控制人性质、有离退休人员的公司数量与 ST 类型的详细统计表来看，存在着如下关系，如表 4-14 所示。

表 4-14　实际控制人、离退休公司数和 ST 类型统计

实际控制人性质		实际控制人			有离退休人员的公司		
		数量	0	1	数量	0	1
1100	国有企业	17	9	8	15	9	6
2100	国有机构	11	4	7	8	2	6
2120	省地区级政府	37	23	14	32	20	12
	小计	65	36	29	55	31	24
1000	企业经营单位	1	—	1	—	—	—
2000	非企业单位	7	—	7	6	—	6
1200	民营企业	1	—	1	—	—	—
1220	民营企业（港澳台）	1	—	1	1	—	1
3000	自然人	20	10	10	14	7	7
3110	大陆公民	17	11	6	17	11	6
9999	无法分类	2	1	1	2	1	1
空白		—	—	—	10	4	6
	小计	49	22	27	50	23	27
	总计	114	58	56	105	54	51

从表4-14可以发现一个有意思的现象：①实际控制人为国有性质的，ST公司的数量要小于NST公司的数量；而实际控制人为非国有的，ST公司的数量要大于NST公司的数量。②实际控制人为国有性质的，有离退休人员的ST公司的数量要小于NST公司，而实际控制人为非国有的，有离退休人员ST公司的数量要大于NST公司。也就是说，实际控制人为非国有性质的更容易被ST，而从被ST的可能性来说，在有离退休人员的国有性质的实际控制人要小于有离退休人员的非国有实际控制人。

第五，从董事、监事和高管人员占公司人员总数的比例（以下称董监高比例）看，三年中，ST公司均要显著高于NST公司。从均值看，三年中，ST公司在9%的水平上，而NST公司在3%左右的水平上。这是一个重要的信息线索，从公司治理结构角度讲，一般来说，该比例越高，说明公司治理的水平越高。但这个现象也可以从ST公司治理的效率低下以及董监高人员作用发挥不好来进行解释。

第六，从管理费用占收入的比重来反映的代理成本角度看，三年中，该指标ST公司均高于NST公司，需要强调的是，NST的该指标值三年中均稳定在10%左右，而且标准差均小于1，反观ST公司，该指标在三年中分别为47%、33%和212%，结合第四章对期间费用占收入比指标控制的观点以及第五点的结论，是否就可以说ST公司关于费用控制的相关制度或者不健全，或者未能很好地执行，一句话，公司管理层对财务部门的作用认识和控制的力度不到位。

第七，从董事长和总经理是否为同一人兼任（兼任=0，不兼任=1）指标来看，三年中NST公司均要大于ST公司，且在T-1年呈显著差异。这说明NST公司中兼任的成分要比ST公司要更多一点，这一点也符合公司治理的一般认知。具体情况如表4-15所示，可以看出，有10/14比例的ST公司属于董事长和总经理是同一人的兼任情况。

表 4-15　ST 公司与 NST 公司兼任情况

ST 类型	兼任	不兼任	总计
NST	4	54	58
ST	10	49	59
总计	14	103	117

2. 未纳入自变量范围的相关指标描述性统计

表 4-16 是未纳入自变量范围的相关指标的描述性统计，从该表可以看出：

第一，NST 公司的与行业第一名收入占比（Rev_rank）指标和研发强度指标的均值，三年中均要低于 ST 公司，但并不显著。由于与行业第一名收入占比一定程度上反映了市场占有的程度，因此，可以说，ST 公司的市场占有并不显著，只是 NST 公司该指标均值的标准差要小于 ST 公司；需要关注的一个现象是，由 NST 公司和 ST 公司组成的一共 124 家公司中，只有 2 家 NST 公司和 4 家 ST 公司发生了研发费用，发生研发费用的公司比例约在 4.8%；在研发强度指标上，NST 公司为 0.1%，ST 公司为 2.7%（最大值达到了 8.6%），ST 公司的研发强度要高于 NST 公司，这说明了公司研发的高风险性，不排除公司可能会陷入所谓的"研发陷阱"而导致被特别处理。

第二，从反映公司治理结构的所有权与控制权的分离度指标来看，三年中，NST 公司的该指标均值均大于 ST 公司，在 T-1 年还呈显著差异，NST 公司的分离度最大值达到了 28%。我们知道，所有权与控制权的分离是公司实际控制人为充分发挥控制权的杠杆效应，以较小的所有权撬动较大控制权的一个利益博弈行为，也是当今股权结构发展的一个重要特征，但分离度大的公司会面临许多与资金相关的问题，如产生"隧道"效应、过度薪酬等。NST 公司的分离度较高在一定层面上也反映出实际控制人的对股权的掌控力度和掌控意愿要强于 ST 公司。

第三，NST 公司的成立年限、上市年限以及人均收入指标，三年中均要高于 ST 公司，但并不显著。需要强调的是，尽管在配对样本的选取上是按照同行业、同年度、同板块的收入差最小作为标准，即使这样，人均

表4-16　未纳入模型自变量的相关指标描述性统计

ST		0						1						
		mean	sd	min	max	p50	N	mean	sd	min	max	p50	N	
T-3年	rev rank	0.046	0.060	0.004	0.402	0.024	62	0.063	0.141	0.000	0.991	0.021	62	-0.852
	gf xinzhi	0.466	0.503	0	1	0	58	0.446	0.502	0	1	0	56	0.203
	Rijzc	2.453e+06	2.82e+06	410285	1.50e+07	1.40e+06	61	2.785e+06	5.07e+06	200744	3.20e+07	980875	62	-0.448
	Fenlidu	5.194	8.056	0	28.29	0.374	58	4.131	6.793	0	27.16	0	56	0.760
	Rd_rev	0.001	0.001	0.000	0.001	0.001	2	0.027	0.039	0.003	0.086	0.009	4	-0.884
	Age	161.0	42.68	85	258	168.5	62	154.9	42.06	87	256	152	62	0.803
	Age ipo	124.7	39.90	47	216	128	62	122.2	36.11	45	215	125.5	62	0.354
	Rev em	1.743e+06	3.17e+06	167224	1.50e+07	593939	61	1.398e+06	3.062e+06	19703	2.000e+07	509579	62	0.614
T-2年	rev rank	0.049	0.070	0.002	0.396	0.021	62	0.055	0.137	2.20e-05	0.996	0.014	61	-0.303
	gf xinzhi	0.431	0.500	0	1	0	58	0.379	0.489	0	1	0	58	0.563
	Rijzc	3.113e+06	5.17e+06	16759	2.70e+07	1.60e+06	61	2.721e+06	4.299e+06	196226	1.900e+07	1.050e+06	62	0.457
	Fenlidu	5.193	8.017	0	28.29	0.016	58	3.901	6.535	0	26.95	0	58	0.951
	Rd_rev	0.004	0.003	0.002	0.006	0.004	2	0.017	0.017	3.70e-05	0.0420	0.011	7	-0.987
	Age	173.0	42.68	97	270	180.5	62	166.9	42.06	99	268	164	62	0.803
	Age ipo	136.7	39.90	59	228	140	62	134.2	36.11	57	227	137.5	62	0.354
	Rev em	2.192e+06	4.43e+06	10584	2.65e+07	690676	61	1.601e+06	4.238e+06	21887	2.520e+07	515695	61	0.752

续表

ST		mean	sd	min	max	p50	N	mean	sd	min	max	p50	N	
				0						1				
T-1年														
rev rank		0.038	0.053	0.001	0.285	0.020	62	0.048	0.137	7.20e-07	1.013	0.013	61	-0.531
gf xinzhi		0.333	0.476	0	1	0	57	0.333	0.476	0	1	0	57	0.000
Rijzc		4.068e+06	8.281e+06	383219	4.500e+07	1.80e+06	61	2.704e+06	4.291e+06	200855	2.200e+07	996229	62	1.150
Fenlidu		4.361	6.707	0	24.96	0.007	57	2.406	4.499	0	23.37	0	57	1.827*
Rd_rev		0.009	0.012	1.00e-05	0.038	0.004	9	0.012	0.013	0.001	0.037	0.008	6	-0.354
Age		185.0	42.68	109	282	192.5	62	178.9	42.06	111	280	176	62	0.803
Age ipo		148.7	39.90	71	240	152	62	146.2	36.11	69	239	149.5	62	0.354
Rev em		2.343e+06	5.249e+06	94862	3.260e+07	652174	61	1.278e+06	2.834e+06	4515	2.000e+07	483271	61	1.394

收入指标在三年中表现出了一致的差异，在 T−1 年的 T 值达到了 1.39，说明这个指标所反映出的 ST 公司效率水平要低于 NST 公司。

（二）相关性分析

表 4−17 报告了模型变量从 T−3 年至 T−1 年的 Pearson 相关系数分析结果。

（三）模型的检验

按照上一章中所列示的模型进行 Logit 逻辑回归，得到的结果如表 4−18 所示。

从表 4−18 所示的 T−3 年至 T−1 年的回归结果，联系上述对自变量的描述性统计分析来看，可以得到如下初步结论：

第一，毛利率与上市公司特别处理的可能性（ST 的可能性）呈负相关关系，在 T−2 年和 T−1 年呈显著的负相关关系，说明毛利率越低，上市公司股票被特别处理的可能性越大。

第二，上市公司离退休人员占员工人数的比重与上市公司 ST 的可能性呈显著的负相关关系，即上市公司离退休人员占员工总数的比重越高，ST 的可能性越小。这个结果看上去似乎令人无法接受，但根据前文实际控制人性质、离退休人员数量以及 ST 类型关系的研究就可以知道，实际控制人为国有性质的上市公司股票被特别处理的可能性要小于非国有性质的上市公司，而拥有离退休人员的上市公司主要集中在国有性质的上市公司中，因此，回归结果才会表现出显著的负相关关系。

第三，同在描述性统计分析中所得到的结论一致，董监高人数占员工总数的比例与 ST 的可能性呈显著的正相关关系。具体原因已在前文描述性统计中具体述及，此处不再赘述。

第四，董事长与总经理兼任（兼任=0，非兼任=1）情况与 ST 可能性呈显著负相关关系。说明兼任的情况不利于公司内部治理，会增加上市公司股票被 ST 的可能性。

第五，人均负债与上市公司股票 ST 可能性呈显著的正相关关系。这一点和前文描述性统计以及第三章中负债指标均值 T 检验的结果一致。

表 4-17　关于上市公司股票特别处理的样本变量相关系数 (T-3 年)

	ST	Maoli_ratio	Sjkzr	Employee	Rjzb	Ltx raio	Djg em	Mgtexp_rev	Rev_em_ratio	Jianren	Lia_em
ST	1										
Maoli_ratio	-0.158*	1									
Sjkzr	-0.113	-0.196**	1								
Employee	0.006	-0.336***	0.295***	1							
Rjzb	-0.189**	-0.293***	0.109	0.260***	1						
Ltx raio	-0.174*	0.088	0.160*	0.0350	-0.037	1					
Djg em	0.182**	0.132	-0.086	-0.609***	-0.354***	0.013	1				
Mgtexp_rev	0.097	0.491***	-0.110	-0.257***	-0.433***	0.243***	0.333***	1			
Rev_em_ratio	-0.148	-0.044	0.041	-0.0650	0.150*	-0.075	-0.006	-0.062	1		
Jianren	-0.108	-0.072	0	0.165*	0.212*	-0.121	0.005	0.027	-0.081	1	
Lia_em	0.036	0.035	-0.070	-0.609***	-0.0420	0.050	0.485***	0.225**	0.268***	-0.051	1

注：*、** 和 *** 分别表示相关系数在 10%，5%和 1%水平下显著。

表 4-18　关于上市公司股票特别处理的样本变量相关系数 (T-2 年)

	ST	Maoli_ratio	Sjkzr	Employee	Rjzb	Ltx raio	Djg em	Mgtexp_rev	Rev_em_ratio	Jianren	Lia_em
ST	1										
Maoli_ratio	-0.273***	1									
Sjkzr	-0.065	-0.071	1								
Employee	-0.065	-0.203**	0.315***	1							
Rjzb	-0.226**	0.156*	-0.149	-0.708***	1						
Ltx raio	-0.144	-0.010	-0.024	-0.131	0.148	1					
Djg em	0.180**	0.062	-0.131	-0.682***	0.586***	0.113	1				
Mgtexp_rev	0.127	0.307***	-0.155*	-0.261***	0.206**	-0.048	0.205**	1			
Rev_em_ratio	-0.102	-0.041	0.046	-0.415***	0.447***	0.101	0.543***	-0.127	1		
Jianren	-0.126	-0.170*	0.072	0.137	-0.047	-0.188*	-0.029	-0.016	0.090	1	
Lia_em	0.122	-0.090	-0.065	-0.616***	0.736***	0.194**	0.464***	0.190**	0.442***	-0.013	1

注：*、** 和 *** 分别表示相关系数在 10%，5%和 1%水平下显著。

表 4-19 关于上市公司股票特别处理的样本变量相关系数（T-1 年）

	ST	Maoli_ratio	Sjkzr	Employee	Rjzb	Lix raio	Djg em	Mgtexp_rev	Rev_em_ratio	Jianren	Lia_em
ST	1										
Maoli_ratio	-0.300***	1									
Sjkzr	-0.049	0.005	1								
Employee	-0.056	-0.236***	0.322***	1							
Rjzb	-0.432***	0.195**	-0.163*	-0.640***	1						
Lix raio	-0.140	-0.049	-0.038	-0.159	0.331***	1					
Djg em	0.171*	0.062	-0.140	-0.710***	0.527***	0.152	1				
Mgtexp_rev	0.125	0.242***	0.036	-0.220**	-0.022	-0.052	0.156*	1			
Rev_em_ratio	-0.139	-0.053	-0.158*	-0.385***	0.492***	0.484***	0.366***	-0.058	1		
Jianren	-0.165*	-0.033	0.149	0.083	0.027	-0.129	-0.032	0.034	0.089	1	
Lia_em	0.110	-0.023	-0.111	-0.596***	0.612***	0.247***	0.528***	0.131	0.452***	0.019	1

注：*、** 和 *** 分别表示相关系数在 10%、5%和 1%水平下显著。

表 4-20　关于上市公司股票特别处理的样本回归结果（T-3 年至 T-1 年）

	T-1 年	T-2 年	T-3 年
	ST	ST	ST
Maoli_ratio	−14.174**	−4.2811*	−5.2404
	(−2.70)	(−1.89)	(−1.27)
Sjkzr	0.49602	0.4059	−0.1942
	(0.51)	(0.61)	(0.28)
Employee	0.05565	0.6160	1.1133*
	(−0.10)	(1.29)	(1.67)
Rjzb	−4.0152***	−2.3601***	−2.3946***
	(−3.74)	(−3.91)	(−2.92)
Ltx ratio	−0.42503	−2.4313**	−3.9701**
	(−0.34)	(−2.15)	(−2.74)
Djg em	25.1808**	21.983**	37.1454**
	(2.83)	(2.16)	(2.09)
Mgtexp_rev	8.6854**	8.3448*	7.4197
	(2.38)	(1.86)	(0.79)
Rev_em_ratio	0.10100	0.04888	−0.34133
	(0.24)	(0.24)	(−0.46)
Jianren	−1.5997	−1.9740*	−3.8183**
	(−1.16)	(−1.89)	(−2.76)
Lia_em	1.68179**	1.2855**	1.1112**
	(2.44)	(2.92)	(2.33)
_cons	31.0271**	10.4276	12.5426
	(2.61)	(1.29)	(1.21)
Pseudo R^2	0.6592	0.4073	0.3313
LR chi2 （10）	87.05	53.54	35.75
N	96	95	78

注：*、** 和 *** 分别表示相关系数在 10%、5% 和 1% 水平下显著。

二、利用回归结果进行 ST 预测

根据上述回归结果，建立 ST 公司在 T-3 年的线性概率模型（LPM）：

Pst = 1/（1+2.71828^（−（−5.2404 × Maoli_ratio − 0.1942 × Sjkzr + 1.1133 × Employee − 2.3946 × Rjzb − 3.9701 × Ltx_ratio + 37.1454 × Djg_em + 7.4197 × Mgtexp_rev − 0.34133 × rev_em_ratio − 3.8183 × Jianren + 1.1112 × Lia_em + 12.5426）））

在本节中，该方程以 62 家 NST 公司与 62 家 ST 公司在 T–3 年的 10 个财务指标数据作为自变量值，将这 10 个变量的实际值分别代入，计算得到 T–3 年各样本公司 ST 的可能性值。由于 ST=1，NST=0，本节中取 0.5 为判定点，P 值大于 0.5，则判定为 ST；小于 0.5，则判定为 NST。如此，得到的判定结果如表 4–21 中 T–3 年一栏所示。

表 4–21　线性概率模型（LPM）在 T–1 年至 T–3 年的判定结果[①]

真实值\预测值		T–1 年		T–2 年		T–3 年	
		0	1	0	1	0	1
计数	0	51	2	45	5	39	2
	1	6	37	12	33	13	24
第一类错误，误拒风险	0		3.7%		10%		4.5%
第二类错误，误受风险	1	13.9%		26%		35%	

从表 4–21 中的 T–3 年一栏可以看出，41 家有有效值的 NST 公司中有 2 家被判定为 ST 公司，属于误判公司，误拒风险（第一类错误）为 4.5%；37 家有有效值的 ST 公司被误判为 NST 公司的有 13 家，属于误受公司，误受风险（第二类错误）为 35%。从投资者角度来看，将风险较大公司（ST 公司）判定为正常公司而进行投资所造成的代价（第二类错误）要大于将正常公司判定为风险较大公司（ST 公司）而拒绝投资（第一类错误）所造成的机会损失，因此，对投资者来说，相对于误拒风险而言，误受风险更难以接受，是重大风险。

采用同样方法可以计算 T–2 年、T–3 年的误判率，如表 4–19 所示。

① 其中因为变量数据缺失，导致 T–3 年有 25 个 ST 公司的数据缺失为空白，21 个 NST 公司的数据缺失为空白；T–2 年分别为 12 个和 17 个；T–1 年缺失数据的公司同 T–2 年。

097

第三节 ST 压力与动机分析
——凯歌公司存在的可能性

我国的 ST 制度也称为风险警示制度，是对那些因财务状况或其他异常而导致投资者无法判断其前景，可能给投资者权益造成损失的公司加以标记进行警示的一种制度，这种制度虽说不是对公司的惩罚，但毕竟通过这种标记或认定使得 ST 公司被划出了正常公司（NST）的类别，给投资者进行一种明示：这类公司因为某种风险的存在而被加以警示。因此，对 ST 公司来说，被戴上 ST 的帽子，不是一件好事。

一、从上市公司角度分析

对正常的上市公司来说，如何避免被 ST，避免落入连续两年亏损等，ST 确认范围便是其在正常运营之外需要考虑的重大问题。那么，根据 ST 制度的设计，从上市公司的压力及其动机的角度上考虑，ST 公司的净利润在 ST 当年及其前三年（T-3 年）或遵循"ST 或脱困（T0 年）—亏（T-1）—亏（T-2）—盈（T-3）"的 ST 模式（见表 4-22），或遵循"盈（T0）—亏（T-1）—盈（T-2）—亏（T-3）"的"跳跃摆脱"模式。

表 4-22 上市公司应对 ST 威胁的压力与动机分析

时间	T0	T-1	T-2	T-3
净利润	盈——脱困？ 亏——退市？	亏——ST	亏	盈
动机	盈余管理或重组	洗大澡，一次亏个够或重组		盈余管理或重组
压力	若亏损，面临退市，压力更大	为 T0 年扭亏摘帽做准备		尽量不要陷入亏损区

对于一个上市公司来说，按照净利润形成的几个层次及其稳定性和可预测性来讲，有两种路径可避免被 ST：第一种，通过提高毛利、毛利率的办法，增加公司盈利空间，为公司盈利打下坚实的基础；第二种，通过毛利层面之后项目的会计操作，比如通过非经营性损益、资产置换等项目，提高利润数字。因此，可以说，面临 ST 威胁的上市公司的脱困压力从时间序列上由大到小依次为：T0 > T–1 > T–3。

以上两种路径中，第一种无疑是最根本、最见效的，也是 ST 制度设计的初衷，当然，也是最难达到的；第二种是一种无奈之下的舍本逐末的取巧方法，因而也成为 ST 制度的副作用。

二、从 ST 制度及其效果角度分析

从上述对上市公司应对 ST 威胁的压力和动机分析可以看出，在我国 ST 制度的实际影响下，上市公司努力保持盈利的平滑和稳定性以应对 ST 风险尤为关键。反过来讲，由于受公司寿命周期、经济周期或者重大突发不利事件等外部因素的不利影响，一些处于成长期或者处于经济衰退期的上市公司被 ST 的可能性大大增加。这样，我们很难说 ST 公司是不好的公司或者是没有希望的公司，反过来说，我国的 ST 公司中很可能存在着摘帽后就不会再被特别处理的"好"公司，这些公司虽然由于各种原因没有保持盈利的平滑和稳定性而陷入"连续两年亏损"等 ST 认定标准，但这些公司在摘帽之后便再也未被 ST，此类"好"公司就是凯歌公司，如图4–3 所示。

基于上述分析，我们可以提出若干问题：我国 ST 制度下，凯歌公司是什么类型的公司？如何加以界定？凯歌公司都有哪些财务特征？如何对凯歌公司进行判别？对这些问题的回答将构成下一章的主要内容。

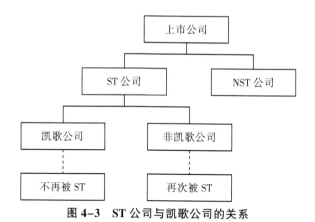

图 4-3　ST 公司与凯歌公司的关系

第四节　关于 ST 制度的深入分析

针对上述研究结论，本书对 ST 制度进行了如下深入分析与思考。

第一，尝试在不同板块的市场建立多元的退市标准体系。股票退市风险警示制度是退市制度的一个重要组成部分，而与境外市场的退市标准相比，我国主板市场的退市标准较少，在实施过程中连续两年亏损成为实际的主要退市标准。另外，我国已经初步形成了定位明确的由主板、中小板、创业板和"新三板"所构成的市场体系，因此，应在各板块的细分市场中，尝试分别建立多元的符合各市场板块各自特点的退市标准，形成定位明确的各具特点的退市标准体系。

第二，考虑将市场标准全面纳入退市标准体系之中。在我国中小板和创业板的退市标准中，出现了诸如成交量、收盘价（平均价等）等退市标准，已经开始了市场化退市标准的有益尝试。

第三，扩大对上市公司违法违规行为的认定范围，将其作为直接退市标准，加大对违法违规行为的处罚力度。我国 2012 年的《深圳证券交易所股票上市规则》中，对上市公司存在虚假记载、未在规定期限内改正的主观故意行为，并且公司股票已停牌两个月的情形才会被认为财务状况异常而被风险警示（*ST）。不可否认，我国众多上市公司的造假行为，如万福生科、绿大地、新中基、南纺股份以及银广夏等，与上述较宽松的退市制度标准有关。因此，应扩大对上市公司违法违规行为的认定范围，将上市公司或其管理阶层违反公众利益、虚假陈述以及违反上市合约等主观故意行为纳入其中；同时，将这些行为作为直接退市标准而进行处理，加大对此类行为的处罚力度。

第四，应取消"连续两年亏损"这个财务异常认定标准，更多地转为对上市公司持续经营能力、运作是否正常等的关注，体现市场化的退市预警理念和运行机制。由于净利润数字在会计上能够通过非经常性经营损益、各种补贴、关联交易和并购重组等方式进行事先安排，从而最大可能地避免"连续两年亏损"的局面，而这并不能反映上市公司真正的盈利能力以及持续经营能力。另外，上市公司亏损的原因有很多，可能是经营管理不善，也有可能是市场需求不足，更有可能是投资决策失误等。这些原因导致的亏损往往不是一朝一夕形成的，也不可能在一朝一夕而得以改变。因此，取消"连续两年亏损"，有助于上市公司将更多注意力集中在优化公司战略、改善持续经营能力和提高营运效率等方面。

第五节 本章总结

本章是在第三章研究方案设计的基础上，以相关项目配对样本 T 检验后所发现的存在显著差异的指标作为自变量选择的基础，围绕着行业特征、公司特征和产品特征确定自变量，以公司是否被 ST 为因变量，在第三章所确定的研究思路的指导下完成了本章的实证分析部分。

实证结果表明，上市公司股票被特别处理的可能性与行业密切相关。从行业间 ST 比例来看，工业行业的 ST 比例最高，在 17%左右；房地产行业其次，在 5%左右；公用事业和商业行业的 ST 比例相当，约在 2.6%的水平上下。而从行业毛利率的水平来看，1998~2013 年的 16 年中，公用事业如污水处理行业等的毛利率一直处于较稳定的高水平，工业行业的毛利率在 2003~2005 年经历一次下降之后，在 2005~2013 年，毛利率水平维持在 20%~23%；商业行业的发展曲线类似于工业行业，在 2005~2013 年，毛利率水平在 18%~20%。这里需要强调的是房地产行业，从 2004 年后，虽有 2005~2007 年、2008~2009 年和 2011 年后这三个阶段的发展缓滞甚至于下降，但总体趋势是快速上升，从 2004 年最低的 24%上升到 2011 年的 36%的水平上，而这几年也是我国房地产业快速发展的时期。从行业内的 ST 比例看，2007 年后，ST 比例由高到低依次是房地产行业、综合、工业行业、商业行业和公用事业行业。

通过实证检验，本书提出的假设 1（有关 ST 可能性与毛利率的关系的假设）、假设 2（有关人均资本与 ST 可能性关系的假设）、假设 4（有关人均负债与 ST 可能性的关系的假设）、假设 6（有关董监高的比例与 ST 可能性关系的假设）和假设 7（有关董事长兼任总经理职位与 ST 可能性关系的假设）得到了证实。

在本章最后，通过对上市公司面对 ST 威胁的动机和压力分析，指出我国上市公司盈利的平滑和稳定性对应对 ST 威胁的关键意义，并由此对 ST 公司进行进一步的分类，从理论上引出凯歌公司存在的可能性，为下一章的分析打下基础。

第五章 凯歌公司判别因素的研究

通过对股票特别处理频次的统计分析，我们很容易产生如下疑问，1998~2013 年，为什么有的公司会接二连三地被 ST，有的公司在戴过一次"帽"之后再不被 ST，在这些"一进宫"的公司中是否存在那些真正彻底摘帽的公司，而在摘帽之时就可"阅读"出背后的"凯歌信号"以指导投资者的投资行为。第四章我们从 ST 影响因素的角度进行了深层次的分析，本章我们将从凯歌公司及其财务特征方面对这个原因进行更进一步的剖析。

不可否认，1998~2013 年被特别处理的 493 家上市公司中存在着一些在摘帽后便再也不会被 ST 的"好"公司。在 ST 公司认定标准主要以"连续两年亏损"为主的 ST 制度影响下，ST 制度实质上是对盈亏稳定性差的公司进行特别处理的一种制度（姜国华、王汉生，2005）。也就是说，上市公司不但要盈利而且其盈利稳定性要好才可以摆脱被 ST 标示的不利影响。这就形成了 ST 制度的目标与实际运行效果的偏差。具体来说，ST 制度的初衷是对有退市风险和其他风险的上市公司进行 ST 标示预警以保护投资者权益不受损害，而制度实际运行的结果是将那些盈亏稳定性差的公司推到了 ST 警示的边缘，使这一类公司面临更大的 ST 警示风险。

因此，在这个逻辑和事实前提下，本章对如下问题进行了回答：第一，如何在"一进宫"且已经摘帽的公司中界定出那些盈利稳定性好的凯歌公司？第二，凯歌公司有什么特征？第三，我们对"一进宫"公司在摘帽之始是否就可以阅读出背后的"凯歌信号"以指导投资者的投资行为？

第一节　凯歌公司的认定

在 ST 制度的实际影响下，凯歌公司专指那些盈利能力强并且盈利稳定性要好的"一进宫"且已经摘帽的公司。因此，凯歌公司可以用盈利能力指标和盈利能力标准差的商值加以界定。如在研究方案设计一章中所述，1998~2013 年的 311 家"一进宫"且已摘帽公司的盈利稳定性水平值，在进行 4 分位处理后，其 ROE 均值、标准差和盈利稳定性均值如表 5-1 所示。

表 5-1　1998~2013 年"一进宫"已摘帽公司盈利稳定性分类

4 分位	ROE 均值	标准差	盈利稳定性均值
4	0.125	0.284	0.586
3	1.875	6.753	0.203
2	−0.022	0.472	−0.037
1	−0.253	0.941	−0.297
总计	0.432	2.118	0.112

从表 5-1 可以看到一个很有意思的现象，即排在前 25% 的第 4 类盈利稳定性均值为 0.59，第 3 类为 0.20，但是这两类的 ROE 均值却分别为 0.13 和 1.88，主要原因是第 3 类盈余的波动性要远远大于第 4 类，这说明盈利稳定性指标所反映的内容比盈利能力更为全面。

表 5-2 列示了根据第三章研究方案设计中凯歌公司的样本选取所认定的 69 家凯歌公司的名称、核心业务、所在省份、富裕程度和是否横向多元化的信息。

需要说明的是，表 5-1 中的富裕程度是按照凯歌公司所在省份的人均 GDP 是否超过全国平均 GDP 进行判断，超过全国平均 GDP 的取值为 1，未超过的为 0；凯歌公司是否横向多元化是根据阅读公司主页的相关信息

表5-2　凯歌公司名单及其相关信息

代码	简称	行业	核心业务	省份	富裕程度	横向多元化
9	中国宝安	综合	房地产、生物医药	广东	1	1
14	沙河股份	房地产业	房地产开发销售	广东	1	0
411	英特集团	批发业	药品分销、中药和生物器械	浙江	1	1
503	海虹控股	互联网和相关服务	网游、电子商务和医疗福利管理业务	海南	0	1
517	荣安地产	房地产业	房地产开发	浙江	1	0
540	中天城投	房地产业	房地产业、同时涵盖物业、健身、教育等	贵州	0	1
552	靖远煤电	煤炭开采和洗选业	煤炭开采、洗选、销售	甘肃	0	0
639	西王食品	农副食品加工业	农副食品加工、龙头企业	山东	1	0
650	仁和药业	医药制造业	中西药，"仁和可立克"，"优卡丹"，"妇炎洁"品牌	江西	0	0
761	本钢板材	黑色金属冶炼及压延加工业	钢铁冶炼、压延加工等	辽宁	1	0
780	平庄能源	煤炭开采和洗选业	煤炭开采、洗选加工、销售	内蒙古	1	0
887	中鼎股份	橡胶和塑料制品业	密封件、特种橡胶制品，国内最大的生产、出口企业	安徽	0	0
951	中国重汽	汽车制造业	三个全国第一：牵引车、大功率发动机和重型汽车	山东	1	0
965	天保基建	房地产业	基础设施和房地产的开发及物业管理	天津	1	0
1696	宗申动力	铁路、船舶、航空航天和其他运输设备制造业	六大板块：制造、新能源、生物、矿业、房地产、金融	重庆	1	1
600082	海泰发展	综合	专业产业园开发、运营商	天津	1	0
600086	东方金钰	其他制造业	珠宝产业	湖北	1	0
600097	开创国际	渔业	集大型远洋拖网船队和远洋金枪鱼围网船队两大优势生产性资产	上海	1	0
600101	明星电力	电力、热力生产和供应业	以电水气生产与供应为主、兼投资药业，房地产开发等多元化经营	四川	0	1
600329	中新药业	医药制造业	旗下天津隆顺榕、乐仁堂、达仁堂等数家中华老字号企业与中药六厂等现代中药标志性企业并存	天津	1	0

续表

代码	简称	行业	核心业务	省份	富裕程度	横向多元化
600386	北巴传媒	零售业	把公交广告传媒作为核心产业，增加了广告设计、制作、投资，媒体代理发布等	北京	1	0
600599	熊猫烟花	化学原料及化学制品制造业	在全球主要的烟花消费大国如美国等国家均建立了自己的销售网络	湖南	0	0
600622	嘉宝集团	房地产业	以房地产、物业经营，对外投资和工业制造业为主的四大产业架构	上海	1	1
600657	信达地产	房地产业	综合性房地产开发	北京	1	0
600743	华远地产	房地产业	全国最大的房地产公司之一，涵盖项目开发、销售代理、物业管理的房地产开发综合业务	北京	1	0
600775	南京熊猫	计算机、通信和其他电子设备制造业	科研、开发、生产、销售技术服务	江苏	1	0
600784	鲁银投资	黑色金属冶炼及压延加工业	经营重点定位在羊绒纺织、房地产开发、汽车销售、物业经营管理四个主导产业	山东	1	1
600828	成商集团	零售业	零售百货、地产开发、酒店经营等行业	四川	0	1
600831	广电网络	电信、广播电视和卫星传输服务	以有线电视网络运营为主业	陕西	1	0
600833	第一医药	零售业	以医药零售为主体，科工贸结合	上海	1	0
600845	宝信软件	软件和信息技术服务业	在企业信息化、过程自动化和城市信息化等领域领先	上海	1	0
600873	梅花集团	食品制造业	国内最大的氨基酸生产企业，医药中间体、饲料添加剂、调味品四大产业群	河北	0	0
600874	创业环保	水的生产和供应业	污水处理设施的建设、设计、经营、管理，技术咨询及配套服务	天津	1	0
600886	国投电力	电力、热力生产和供应业	业务面向全国的电力控股公司，拥有发电资产分布于甘肃、云南、江苏、福建、安徽、广西六省	湖北	1	0

续表

代码	简称	行业	核心业务	省份	富裕程度	横向多元化
600893	航空动力	铁路、船舶、航空航天和其他运输设备制造业	以航空发动机批量生产、转包生产等航空发动机研制生产地企业。中国大型航空发动机研发制造	陕西	1	0
416	民生投资	零售业	主要从事商品零售业务，购买信托产品等对外投资地。利用闲置资金进行短期理财和委托贷款	山东	1	1
507	珠海港	水上运输业	对港口、物流、能源以及相关资源开发和运营，拥有33家控股企业。13家参股企业的现代化大型港口物流企业	广东	1	0
511	烯碳新材	房地产业	有石墨碳、耐火碳、纳米活性炭、石墨烯等基础、石墨烯新材料产业。龙头企业。2013年再转战略转型土地整理房地产。2000年战略转型碳新材料	辽宁	1	0
548	湖南投资	道路运输业	投资建设并收费经营公路、桥梁及其他城市基础设施	湖南	0	0
550	江铃汽车	汽车制造业	产品有"全顺"汽车、"凯运"轻卡、"宝典"皮卡、"驭胜"SUV、"宝威"多功能越野车等	江西	0	0
571	新大洲A	煤炭开采和洗选业	以摩托车和煤电化经营为主体，以摩托车及发动机配件为主要产品	上海	1	0
598	兴蓉投资	水的生产和供应业	城市综合环境服务商。主营城市供排水和环保业务，已在污水污泥处理、垃圾渗滤液处理、垃圾焚烧发电等领域取得重大突破	四川	0	0
632	三木集团	批发业	从事基础设施建设、房地产开发以及进出口贸易的上市企业	福建	1	1
635	英力特	化学原料及化学制品制造业	集电力化工为一体，实行上下游一体化产业链，主导产品聚氯乙烯	宁夏	0	0
655	金岭矿业	黑色金属矿采选	铁矿开采、铁铜钴精粉的生产、销售、机加工	山东	1	0
682	东方电子	电气机械及器材制造业	智能电网提供供系统解决方案，系统及产品涉及发电、输变电、配电、用电各个领域	山东	1	0
683	远兴能源	化学原料及化学制品制造业	天然碱开发、开采、加工	内蒙古	1	0
692	惠天热电	电力、热力生产和供应业	集中供热	辽宁	1	0

续表

代码	简称	行业	核心业务	省份	富裕程度	横向多元化
723	美锦能源	石油加工、炼焦及核燃料加工工业	煤炭开发、加工和综合利用的民营企业	山西	0	0
735	罗牛山	畜牧业	种养殖业兼营业务、房地产经营等业务	海南	0	0
789	江西水泥	非金属矿物制品业	以生产"万年青"等系列硅酸盐水泥熟料为主的建材企业	江西	0	0
809	铁岭新城	公共设施管理业	区域土地征用、市政基础设施建设、土地开发、项目开发等	辽宁	1	0
816	江淮动力	通用设备制造业	内燃机领域的领先技术，发展农业整机装备，产品中小型农业动力装备和配套园林机械；向有色金属开采、地产延伸	江苏	1	1
826	桑德环境	生态保护和环境治理业	固废处置行业领域的先锋，在固废处置领域产业链条	湖北	1	0
851	高鸿股份	零售业	实施经营移动互联产品转变成传统零售渠道的发展策略。"消费者产品体验服务"、"电信增值业务"、"移动互联产品实现终端连锁销售"三大模块	广东	1	0
906	物产中拓	批发业	以钢铁贸易和汽车经营为两大主业，"连锁经营、电子商务"三位一体的立体化经营模式	湖南	0	1
935	四川双马	非金属矿物制品业	生产"双马牌"和"拉法基"牌各标号水泥	四川	0	0
980	金马股份	汽车制造业	以汽车关键零部件、电机、电动自行车、防盗门为主业的产品多元化，国内最大的仪表用品生产商	安徽	0	0
982	中银绒业	纺织业	全球最大羊绒制品生产商	宁夏	0	0
600052	浙江广厦	房地产业	房地产开发、经营、实业投资，涉足房地产、建筑机械的制造、销售，水电开发	浙江	1	1
600090	啤酒花	酒、饮料和精制茶制造业	啤酒生产及销售，涉足房地产、果蔬加工、进出口贸易领域	新疆	0	1
600173	卧龙地产	房地产业	房地产开发	浙江	1	0
600190	锦州港	水上运输业	油品、集装箱和货物运输	辽宁	1	0

续表

代码	简称	行业	核心业务	省份	富裕程度	横向多元化
600466	迪康药业	医药制造业	以制药为主，药物研发、营销、连锁经营等纵向一体化发展的国家高新技术企业	四川	0	0
600606	金丰投资	房地产业	以提供房屋置换、房屋租赁等住宅流通服务为主，以住宅开发为辅	上海	1	0
600701	工大高新	综合	高科技产品的开发、生产，销售和技术咨询服务与成果的转化、教育培训、房地产开发和农用车的研发生产及销售，大豆销售等	黑龙江	0	1
600749	西藏旅游	公共设施管理业	旅游景区业务由4家景区开发有限公司组成，旅游服务业务由3家旅游公司等组成；还有传媒文化板块	西藏	0	1
600858	银座股份	零售业	对外投资及管理；纺织、服装及日用品、文化体育用品及器材、五金交电、家用电器及电子产品等	山东	1	1
600887	伊利股份	食品制造业	乳制品生产及加工，中国乳业中规模最大，产品线最健全的企业	内蒙古	1	0

来进行判断，属于横向多元化经营的取值为 1，否则为 0。

从表 5-2 可以看出：

第一，在地域分布上，69 家凯歌公司的分布如表 5-3 所示。凯歌公司山东有 7 家，上海有 6 家，辽宁和四川各 5 家，广东、天津和浙江各 4 家，上述这些省份一共 35 家公司占到了凯歌公司总数量的 50% 以上，并且这些省市（区）的人均 GDP 均要高于全国平均水平。

表 5-3 69 家凯歌公司省市（区）分布数量

单位：家

省市（区）	公司数量	省市（区）	公司数量	省市（区）	公司数量	省市（区）	公司数量
山东	7	北京	3	江苏	2	黑龙江	1
上海	6	湖北	3	宁夏	2	山西	1
辽宁	5	湖南	3	陕西	2	西藏	1
四川	5	江西	3	福建	1	新疆	1
广东	4	内蒙古	3	甘肃	1	重庆	1
天津	4	安徽	2	贵州	1		
浙江	4	海南	2	河北	1		

第二，这 69 家公司在行业分布上，属于工业行业的有 33 家，占凯歌公司总数的 48%；房地产和公用事业的各有 11 家，合计占到公司总数的 32%；商业类行业有 9 家，综合类行业有 5 家。

第三，从业务分布是否为横向多元化来看，有 18 家公司属于横向多元化公司，占公司总数的 26%；其余未采取横向多元化发展战略的公司有 51 家，占公司总数的 74%，通过对核心业务的分析，这些公司多采取纵向多元化和差异化发展的策略。

第四，从 69 家公司所涉及的核心业务和主要产品看，表 5-4 按主要产品所在行业列示了凯歌公司的数量。房地产、医药和污水处理三类行业属于近十几年来我国大力发展的行业，并且具有行业毛利率水平高的特点，这也可以解释凯歌公司中为什么有 1/3 的公司涉足此三类业务；房地产行业在我国取得了快速增长，离不开这个产业链上游的钢铁、水泥以及基础设施和公用事业、煤炭等矿产品、电力以及港口和运输业等的支持，这些相关行业也随之得到快速发展，这四类公司占到了凯歌公司总数的28%。另外，有线电视网络、电子商务、广告传媒、软件业、航空和旅游业，属于国家鼓励发展的新兴产业或服务业；而其余的业务类型，如新材料、食品、种养殖、珠宝等，这些业务所在公司都具有一个共同的特点，就是公司要么在规模化生产上具有优势继而成为行业龙头（如西王食品、梅花集团、航空动力等），要么在产品差异化上做得到位（如中鼎股份、熊猫烟花等）。

表 5-4 凯歌公司主要产品分类

单位：家

分类	业务类型	凯歌公司数量
1	房地产业务	13
	医药、生物医药	7
	污水和固废处理	3
2	煤炭和其他矿产品	5
	电力	3
	钢铁、水泥、基础设施和公用事业	9
	港口、运输	2
	汽车、摩托车和发动机	5
3	移动互联、有线电视网络	2
	电子商务	1
	广告传媒	1
	软件	1
	航空	1
	旅游	1
4	新材料、新能源	3
	啤酒、食品及添加	4
	种养殖	1
	渔业	2
	烟花	1
	特种橡胶制品	1
	珠宝	1
	电子材料	1
	羊绒	2
	零售、百货	2

在确定了 69 家凯歌公司后，本书将 1998~2010 年剩余的 ST 已摘帽公司，在剔除了金融业公司和数据缺失的公司后，作为与凯歌公司对比的样本公司。

第二节　对凯歌公司的描述性统计

如前所述，凯歌公司的选取根据"一进宫"且摘帽公司在 1998~2013 年 16 年间和摘帽后 3 年间的盈利稳定性指标的前 50% 的重合部分确定。因此可以说，凯歌公司是"一进宫"且已摘帽公司中盈利稳定性指标位居前列的公司，有些公司的盈利能力高，但其盈余稳定性差（标准差大），这样的公司也会面临较大的 ST 风险；而有些公司的盈利能力较低，但其盈余稳定性较好（标准差较小），这样的公司被 ST 的风险也不会很高。因此，从盈利能力和其稳定性两个因素所决定的盈利稳定性指标来综合确定凯歌公司，就成为衡量上市公司被 ST 风险的一个重要指标。

如表 5-5 所示，本节对凯歌公司在摘帽前 1 年（Z-1 年）的相关指标进行了描述性统计，并将其与比较样本（非凯歌公司）进行了均值的 T 检验。

从表 5-5 可以看出：

（1）凯歌公司在每股净资产、资产周转率、资产增长率、营业毛利率、净资产收益率指标上均要大于非凯歌公司，其中，每股净资产、资产周转率两类指标的差异是显著的。这说明凯歌公司在盈利能力、成长性、营运能力方面要好于非凯歌公司。

（2）每股净资产代表了股票价格的底线，在正常情况下，股价与每股净资产的差值一般大于零，且该差值表明了股票价格的"安全"程度；如果小于零，就形成了"破净"的不利状况。凯歌公司该指标的均值为

表 5-5　对凯歌公司的描述性统计

项目	非凯歌公司						凯歌公司						T 值
	mean	sd	min	max	p50	N	mean	sd	min	max	p50	N	
每股净资产 oeps	1.119	1.315	-7.910	3.313	1.136	64	1.690	0.846	0.540	4.310	1.398	69	-2.476**
股价均值-oeps 均值	5.817	4.417	0.212	22.813	4.385	62	7.070	4.342	0.826	18.46	6.301	69	-1.660*
资产周转率	0.525	0.383	0.0275	1.833	0.464	63	0.694	0.591	0.065	2.684	0.522	69	-1.931*
资产增长率	1.634	8.866	-0.491	69.60	0.020	64	54.79	450.3	-0.796	3741	0.0597	69	-1.349
资产负债率	0.646	0.334	0.145	2.623	0.652	64	0.536	0.220	0.009	0.924	0.576	69	2.246**
第一大股东持股比例	40.02	16.82	10.88	70.20	38.55	55	41.06	18.49	8.380	78.02	41.49	50	-0.301
营业毛利率	0.260	0.166	-0.166	0.764	0.215	63	0.298	0.149	0.040	0.654	0.284	69	-1.393
净资产收益率 roe	0.133	0.217	-0.511	1.311	0.082	60	0.170	0.183	-0.189	0.989	0.124	68	-1.459
Ln（总市值）	14.22	0.889	12.79	16.91	14.01	63	14.54	0.890	12.92	16.87	14.52	69	-2.06**
年个股回报率	0.896	1.623	-0.766	6.909	0.296	63	0.748	2.148	-0.775	16.12	0.145	69	0.007
年收盘价均值（按月）	6.660	4.095	1.510	23.78	5.701	63	8.584	4.371	1.718	19.42	7.884	69	-2.603**
年收盘价均值与均值差	0.617	2.550	-2.960	10.47	0.128	63	0.541	2.635	-4.917	9.255	-0.0225	69	-0.241
Ln（日均交易股数）	14.48	1.095	11.99	18.28	14.40	63	14.46	1.167	11.98	17.43	14.47	69	0.869
摘帽时间（年）	2.703	1.600	1	7	2	64	1.88	1.345	0	8	1	69	3.203***
Ln（资产）	20.68	1.028	18.96	23.75	20.57	64	20.88	1.019	18.77	23.30	20.73	69	-1.144
Ln（负债）	20.14	1.248	17.13	23.43	20.12	64	20.10	1.379	16.37	22.97	19.98	69	0.147
Ln（收入）	19.73	1.476	15.51	24.39	19.88	63	20.17	1.366	17.05	23.91	20.25	69	-0.174

7.07，显著大于非凯歌公司 5.82 的均值水平。

（3）从第一大股东持股比例来说，凯歌公司的均值为 41%，大于非凯歌公司 40%的水平。

（4）从总市值（进行了对数标准化处理）来说，凯歌公司的市值均值要显著大于非凯歌公司，而这两类公司的年个股回报率指标和日均交易股数两个指标基本没有差异。

（5）从股票价格来讲，凯歌公司按月计算的年度收盘价均值为 8.58 元/股，要显著大于非凯歌公司的 6.66 元/股的水平。而且，两类公司的年末收盘价要高于年度均值，但其差额在两类公司间基本没有差异。

（6）从摘帽时间来看，凯歌公司的摘帽时间均值在 1.3 年，要显著小于非凯歌公司 2.7 年的摘帽时间，这说明凯歌公司的摘帽速度要显著快于非凯歌公司。

第三节　凯歌公司判别因素的初步分析

一、相关性分析

表 5-6 和表 5-7 分别报告了凯歌公司的形成影响因素模型变量在摘帽前一年和摘帽当年的 Pearson 相关系数分析结果。

表 5-6　关于凯歌公司判别因素的样本变量相关系数 (Z-1 年)

变量 (Z-1年)	每股净资产	资产周转率	资产增长率	资产负债率	第一大股东持股比例	营业毛利率	净资产收益率	总市值	年个股回报率	年收盘价均值	年收盘价与均值差	日均交易股数	摘帽时间
oeps	1												
asset zz	0.094	1											
asset incre	0.012	0.030	1										
la	-0.60***	0.064	0.026	1									
shareratio	0.260***	-0.017	0.214**	-0.101	1								
maoli ratio	0.0370	-0.358***	0.191**	-0.156*	0.0430	1							
roe	-0.049	0.120	0.375***	0.233**	0.181*	0.21**	1						
ln mv	0.198**	0.165*	0.177**	-0.008	0.143	-0.001	0.275***	1					
retwd	-0.023	0.269**	0.173**	-0.013	0.195**	-0.010	0.163*	0.372***	1				
av clsprc	0.078	0.126	0.042	-0.012	0.179*	0.065	0.289***	0.486**	0.326**	1			
prc dif	0.0810	0.0610	-0.014	0.0640	0.0670	-0.105	0.0580	0.414***	0.503***	0.393***	1		
ln volume	0.103	0.0130	0.122	0.0410	-0.0750	-0.04	0.050	0.569***	0.293***	-0.071	0.195*	1	
pd zm	-0.187**	0.170*	0.103	0.145*	0.0420	0.019	0.075	-0.108	0.112	-0.056	-0.086	-0.129	1

注：*、** 和 *** 分别表示相关系数在 10%、5% 和 1% 水平下显著。

表5-7　关于凯歌公司判别因素的样本变量相关系数（Z0年）

变量（Z0年）	每股净资产	资产周转率	资产增长率	资产负债率	第一大股东持股比例	营业毛利率	净资产收益率	总市值	年个股回报率	年收盘价均值	年收盘价与均值差	日均交易股数	摘帽时间
oeps	1												
asset zz	0.001	1											
asset incre	-0.005	-0.035	1										
la	-0.054	0.066	0.145	1									
shareratio	0.227**	-0.049	0.26**	0.146	1								
maoli ratio	-0.023	-0.48**	0.054	-0.221**	0.129	1							
roe	0.147	0.257***	0.343***	0.151	0.205*	-0.012	1						
ln mv	0.143	-0.135	0.221*	0.193*	0.300***	0.189*	0.230**	1					
retwd	-0.168*	-0.09	0.696***	0.167	0.154	0.056	0.203**	0.342***	1				
av clsprc	-0.007	-0.103	0.032	0.070	0.227**	0.177*	0.305***	0.462***	0.113	1			
prc dif	-0.087	-0.014	-0.057	0.148	-0.02	-0.099	-0.045	0.241**	0.281***	-0.039	1		
ln volume	0.111	-0.170*	0.163	0.126	0.078	0.018	-0.023	0.612***	0.345***	-0.122	0.377***	1	
pd zm	-0.212**	0.148	0.166	0.125	0.146	-0.043	0.225**	0.16	0.223**	0.118	0.175*	0.08	1

注：*、**和***分别表示相关系数在10%、5%和1%水平下显著。

二、模型的检验

按照第三章所确定的模型进行 Logit 回归，得到的结果如表 5-8 所示。

表 5-8　关于凯歌公司判别因素的样本回归结果

解释变量		KG	KG
		Z-1	Z0
每股净资产	oeps	1.081*	1.429***
资产周转率	asset_zz	3.301***	0.219
资产增长率	asset_incre	0.0407	−0.586
资产负债率	la	−1.852	−1.136
第一大股东持股比例	shareratio	−0.0106	0.00436
毛利率	maoli_ratio	8.955**	2.826
净资产收益率	roe	1.757	8.691**
总市值	ln_mv	−0.669	1.316
年度每股回报率	retwd	−0.487**	0.404
收盘价年度均值	av_clsprc	0.302*	−0.241*
年末收盘价与均值差	prc_dif	0.171	−0.400*
日均交易股数	ln_volume_	−0.0526	−1.089*
摘帽时间	pd_zm	−0.618*	−0.253
	_cons	3.616	−5.808
	LRchi2（13）	38.75	40.16
	Prob > chi2	0.0002	0.0001
	Pseudo R2	0.4126	0.3982
	N	77	82

注：*、** 和 *** 分别表示相关系数在 10%、5% 和 1% 水平下显著。

从表 5-8 所示的摘帽前一年和摘帽当年的回归结果，联系上述对自变量的描述性统计分析，可以得到如下初步结论：

第一，两年中，每股净资产与凯歌公司形成的可能性呈显著的正相关关系。每股净资产指标表示每股股票所拥有的公司净资产的价值，因此，在股数一定的情况下，该值越大，股东拥有的财富越多。

第二，两年中，收盘价年度均值与凯歌公司的形成可能性呈显著正相关关系，也就是 ST 摘帽公司的股价年度均值越高，成为凯歌公司的可能性越大，这也从股票市场的角度说明了市场对凯歌公司投资价值的认可；从股票交易量看，日均交易股数与 ST 公司成为凯歌公司的可能性呈负相关关系。

第三，在摘帽前一年，资产周转率与凯歌公司的形成可能性呈显著的正相关关系，说明营业收入的提高以及资产的优化对于提高资产周转率，继而提高成为凯歌公司的可能性意义较大。

第四，在摘帽前一年，营业毛利率与凯歌公司的形成可能性呈显著的正相关关系；在摘帽公布当年，净资产收益率与凯歌公司的形成可能性呈显著的正相关关系。

第五，两年中，资产负债率与凯歌公司形成的可能性呈负相关关系，资产负债率越低，ST 摘帽公司成为凯歌公司的可能性越大。

第六，在摘帽前一年，ST 公司的摘帽时间长短与成为凯歌公司的可能性呈显著的负相关关系，即摘帽时间越短，成为凯歌公司的可能性越高。

总之，本书研究发现，能够在 ST 公司摘帽公布的前一年显著预测该公司是否可以成为凯歌公司的主要要素是每股净资产、毛利率、资产周转率、摘帽时间和收盘价年度均值。

三、对凯歌公司判别模型的预测准确度检验

为了验证凯歌公司判别的影响因素，根据上述回归结果，本节建立了凯歌公司在摘帽前一年（Z−1 年）的线性概率模型（LPM）：

$Pkg = 1/(1 + 2.71828^{\wedge}(-(1.081 \times oeps + 3.301 \times asset\_zz + 0.0407 \times asset\_incre - 1.852 \times la - 0.0106 \times shareratio + 8.955 \times maoli\_ratio + 1.757 \times roe - 0.669 \times ln\_mv - 0.487 \times retwd + 0.302 \times av\_clsprc + 0.171 \times prc\_dif - 0.0526 \times ln\_volume - 0.618 \times pd\_zm + 3.616)))$

将各变量的实际值分别代入，计算得到摘帽前一年各样本公司成为凯歌公司的可能性值。由于因变量 KG 为哑变量，因此，本节中选取 0.5 作为判定点，Pst 大于 0.5，则判定为凯歌公司；小于 0.5 判定为非凯歌公司。如此，所得到的判定结果如表 5-9 所示。

表 5-9　对摘帽前一年凯歌公司判别模型预测准确度检验

	验证结果（家）				正确率（%）	
	非凯歌	凯歌	缺失值	总计	非凯歌	凯歌
非凯歌公司（0）	48	4	12	64	92	8
凯歌公司（1）	28	22	19	69	56	44
总计	76	26	31	133		

从表 5-9 可以看出，在 52 家有效值的非凯歌公司中，有 48 家判断正确，4 家被误判为凯歌公司，正确率为 92%，误判率为 8%；而在 50 家有效值的凯歌公司中，有 22 家判断正确，28 家被误判为非凯歌公司，预测正确率为 44%，误判率为 56%。如果我们将凯歌公司错误地预测为非凯歌公司从而回避了对它的投资机会，这样的损失对于投资者来说不是灾难性的；但如果我们将一个非凯歌公司错误地预测成为凯歌公司并对其投资，那么这样的风险就是灾难性的。因此，本书所建立的凯歌公司判别因素模型的预测能力是令人满意的。

第四节　凯歌公司判别因素的进一步探讨

一、凯歌公司判别因素的大回归分析

第三节的模型更多地以财务指标为变量进行凯歌公司的判别因素分析，这样的分析难免有落入俗套之嫌。本节在第三节分析的基础上引入新的非财务指标，来进一步分析凯歌公司的判别因素。

本节引入的新变量有破净接近程度、所在地贫富程度、公司性质、公司规模、是否有外资、是否为民营企业、实际控制人股权与所有权分离度以及公司是否为横向多元化几个指标。

股票破净接近程度是公司股价均值与每股净资产均值的差值。正常情况下，每股净资产代表了公司股票价格的底线，因此，该差值越小，反映公司越接近破净状态，而股票处于破净状态则反映出投资者对股票的信心不足和对管理层的信任不够。

所在地的贫富程度指标是一个虚拟变量，本书以样本公司所在省份（或直辖市）的人均 GDP 是否超过全国人均 GDP 来衡量，超过全国平均线为 1，否则为 0。

如此，关于凯歌公司判别因素的进一步回归结果如表 5-10 所示。

表 5-10　关于凯歌公司判别因素的样本进一步回归结果

解释变量		KG	KG
		Z-1	Z0
破净接近程度	Prc-oeps	−1.144**	−0.911**
资产周转率	asset_zz	3.373**	−0.118
资产负债率	la	0.933	−3.147*
第一大股东持股比例	shareratio	−0.00624	−0.00603
毛利率	maoli_ratio	8.253***	8.110***
总市值	ln_mv	1.072	−0.919
年度每股回报率	retwd	−0.427	−0.0261
股价年度均值	av_clsprc	1.271***	0.967**
年末收盘价与均值差	prc_dif	−0.0148	−0.0325
日均交易股数	ln_volume_	−0.106	−0.354
摘帽时间	pd_zm	−0.520**	0.0011
所在地贫富程度	pf	−1.478**	−1.652***
是否为民营企业	mingying	−0.217	0.564
公司规模	Ln_rev	−0.722	1.541***
是否有外资	f_capit	−1.275	−2.119
分离度	Fld	0.00317	0.0111
横向多元化	Diversi	−0.00794	0.416
	_cons	−3.922	−14.26**
	LRchi2（17）	42.68	40.68
	Prob>chi2	0.0005	0.0010
	Pseudo R2	0.3118	0.2799
	N	93	105

注：*、** 和 *** 分别表示相关系数在 10%、5% 和 1% 水平下显著。

从表 5-10 的回归结果，可以得到如下结论：

第一，股票破净的接近程度与形成凯歌公司的可能性呈显著的负相关关系。联系上节的回归结果，一方面，公司的每股净资产和股价均值越高，成为凯歌公司的可能性越大。另一方面，如表 5-10 回归结果所述，股价与每股净资产差值越小，越接近破净状态，成为凯歌公司的可能性就越大；反之，该差值越大，越远离破净状态，成为凯歌公司的可能性就越小。即上市公司股票股价和每股净资产越高、两者越接近，成为凯歌公司的可能性就越大。

第二，所在地贫富程度与凯歌公司形成的可能性存在着显著的负相关关系。所在地人均 GDP 越高，成为凯歌公司的可能性越小；反之，可能性越大。一般说来，由于上市公司数量较东部发达省份要少，且培养和扶持公司上市的难度较大，甘肃、宁夏、贵州等西部边远省份（自治区）对 ST 公司的扶持力度相应更大，使公司远离再度被特别处理的困扰，因此，这些公司成为凯歌公司的可能性相应增大。

第三，ST 公司在摘帽宣告当年（Z0 年），公司的收入规模与凯歌公司形成的可能性呈正相关关系，收入规模越大，成为凯歌公司的可能性越大，反之则越小。

第四，公司的性质（是否为民营企业以及是否有外资入股）、实际控制人所有权与控制权分离度以及公司经营是否实行横向多元化这三项指标与凯歌公司的形成无显著关系。

二、凯歌公司判别因素简化逻辑回归分析

为了更进一步探究非财务因素对凯歌公司形成的影响以及提高模型的参数估计精度，本书将毛利率等财务指标剔除并重新拟合，结果如表 5-11 所示。

从表 5-11 可以看出，破净接近程度、股价年度均值、摘帽时间、所在地贫富程度 4 个指标与凯歌公司的形成存在着显著的相关关系，这与之前的分析结果完全一致，进一步证明了这四个指标进行凯歌公司判别的重要性。

表 5–11　关于凯歌公司判别因素简化逻辑回归结果

解释变量		KG	KG
		Z–1	Z0
破净接近程度	pojing	−0.679*	−1.144***
第一大股东持股比例	shareratio	−0.0112	−0.00851
总市值	ln_mv	0.955	0.176
年度每股回报率	retwd	−0.0483	−0.0963
股价年度均值	av_clsprc	0.823**	1.139***
年末收盘价与均值差	prc_dif	−0.175	−0.0466
日均交易股数	ln_volume	−0.496	−0.345
摘帽时间	pd_zm	−0.355*	0.00178
所在地贫富程度	pf	−0.951*	−1.013*
是否为民营企业	mingying	0.0361	0.708
公司规模	ln_rev	−0.0706	0.356
是否有外资	f_capit	−0.886	−1.423
分离度	fenlidu	0.0095	0.0248
横向多元化	diversi	0.171	0.123
	_cons	−5.059	−5.921
	LRchi2（14）	24.19	28.27
	Prob > chi2	0.0434	0.0131
	Pseudo R2	0.1881	0.1945
	N	93	105

同上节，为检验简化模型的预测准确度，将各变量的实际值分别代入，进行简化判别模型的预测准确度检验。如表 5–12 所示。

表 5–12　对凯歌公司简化模型的预测准确度检验

	验证结果（家）				正确率（%）	
	非凯歌	凯歌	缺失值	总计	非凯歌	凯歌
非凯歌公司（0）	35	14	15	64	72	28
凯歌公司（1）	14	30	15	69	32	68
总计	49	44	30	133		

从表 5–12 可以看出，凯歌公司的预测正确率为 68%，误判率为 32%，预测的准确度要高于前一个模型；而非凯歌公司的预测正确率为 72%，误

判率为 28%，预测的准确度要低于前一个模型。总体上，该模型的预测准确度令人满意。

第五节　本章总结

本章是对上一章内容的进一步延伸和展开，如何从 ST 公司中发现并区分出凯歌公司以及总结出此类公司的共性特征以有助于对此类公司的判别是本章所需要解决的主要问题。本章的分析从四个角度展开：

首先，凯歌公司的认定。通过对 ST 公司认定标准"连续两年亏损"实质的理解和研究，在借鉴已有研究结论的基础上，本书采用可综合考虑盈利能力和盈余稳定性指标的盈利稳定性指标对凯歌公司进行界定。也就是说，凯歌公司是盈利稳定性指标在 ST 已摘帽公司中居于前列的这一类公司。

其次，对凯歌公司相关指标的描述性统计。通过将凯歌公司与作为非凯歌公司的对比公司进行对比，凯歌公司在每股净资产、毛利率、净资产利润率、资产周转率和增长率、资产负债率、股价均值等指标上，均要好于非凯歌公司。

再次，对凯歌公司判别的影响因素进行了初步实证分析。分析结果表明，每股净资产、资产周转率、毛利率、股价年度均值与凯歌公司的形成可能性呈显著的正相关关系；资产负债率和摘帽时间与成为凯歌公司的可能性呈负相关关系。

最后，对凯歌公司判别因素的进一步分析。在进一步的分析中，先是引入了破净接近程度、所在地贫富程度、公司性质、公司规模、是否有外资、是否为民营企业、实际控制人股权与所有权分离度以及公司是否为横向多元化指标进行大回归分析；然后剔除了财务指标，对模型进行简化，以便突出非财务指标在判别凯歌公司中的影响。分析结果表明，摘帽公司股票破净的接近程度与成为凯歌公司的可能性呈显著的负相关关系，每股净资产、股价年度均值和摘帽宣告当年的收入规模与成为凯歌公司的可能性呈显著正相关关系；摘帽公司所在地贫富程度、摘帽公司的摘帽时间长短与成为凯歌公司的可能性存在着显著的负相关关系。

第六章　研究结论、局限及未来研究方向

通过本书第四章和第五章的分析与检验，在 ST 公司形成影响因素分析的基础上，确定了凯歌公司的特点、认定办法及其步骤，探究了凯歌公司判别的影响因素是什么。尤为重要的是，对 ST 公司特别处理影响因素的研究所延伸出的凯歌公司存在的可能性，继而通过对凯歌公司的界定及其特征的研究，最终建立了凯歌公司判别因素的分析模型。因此，在本书的最后，先总结本书的研究结论，然后对本书研究的不足之处进行总结并指出未来可能的更进一步的研究方向。

第一节　研究结论

股票 ST 公司及其相应摘帽行为和努力是我国股票 ST 制度的上市公司层面的博弈结果。

首先，本书的研究从制度的梳理及其变迁的分析开始，在此基础上对有关股票特别处理的研究文献进行总结、归类和消化吸收，以从前人研究和既有文献获得新的研究视角及突破。由于既有的研究大多只是 ST 制度运行 16 年来的某个时间段的"片段"研究，因此，本书采取了"问症而

诊"的研究方法，先从 ST 公司的财务特征分析开始，获取对 ST 公司有关诸如盈利能力、营运能力、成长能力、偿债能力等财务特征的了解，为后文从众多因素中选取关键因素作为变量打下基础。对财务特征的分析仅仅是对"症状"的分析，还需要从行业特点、公司特点和产品特点三大方面寻找 ST 影响因素的实质性原因作为建立分析模型的变量，这是由表及里、通过现象看本质的研究方法。

其次，站在 ST 公司的角度从应对 ST 风险的压力和动机对 ST 公司的利润表现进行分析，指出 ST 的认定标准本质上是围绕着盈利的波动性进行，盈利能力只是影响盈利波动性的一个重要方面，这样，为凯歌公司的存在进行了理论分析。同时，从 ST 已摘帽公司中对凯歌公司进行了界定，描述了其财务特征，并分析了凯歌公司判别的影响因素，并对分析模型进行了进一步验证。

一、关于 ST 公司形成影响因素的研究结论

如上所述，按大类，股票特别处理的影响因素有内因和外因之分；也有行业因素、公司因素和产品因素之分。结合上述的理论分析和实证检验，本书得出如下几个方面的主要结论。

第一，从财务指标等表征因素看，我国的 ST 公司在盈利能力、现金流创造能力、短期和长期偿债能力上均要显著弱于非 ST 公司，并且在 ST 公司被特别处理的前三年就已经显示出这种明显的差异。但同时也发现，这两类公司在营运能力和发展能力上的差异并不显著。

需要强调的是，对 ST 公司在上述财务特征的分析只是一个过程，这个过程虽然无法揭示 ST 公司影响因素的实质性因素，但通过这个过程，可以完成"问症而诊"的由表及里、透过现象看本质的分析，因此，这种财务特征分析是必要的。

第二，从产品因素讲，毛利率作为反映产品竞争能力以及行业竞争强度的一个重要指标。本书发现，毛利率与上市公司特别处理的可能性呈负相关关系，在 T-2 年和 T-1 年呈显著的负相关关系，说明毛利率越低，上

市公司股票被特别处理的可能性就越大。

第三，从上市公司内部治理角度讲：

（1）董监高人数占员工总数的比例与 ST 的可能性呈显著的正相关关系；

（2）董事长与总经理兼任情况与 ST 可能性呈显著负相关关系，这说明兼任的情况不利于公司内部治理，会增加上市公司股票被 ST 的可能性；

（3）实际控制人为国有性质的上市公司股票被特别处理的可能性要小于非国有性质的上市公司。

第四，人均负债与上市公司股票 ST 可能性呈显著正相关关系，人均负债越高，上市公司股票被 ST 的可能性就越大。

第五，从管理费用比率所反映的代理成本角度来看，这个比率与上市公司被特别处理的可能性无显著关系。

第六，从反映公司规模的人员因素看，公司员工人数与上市公司被特别处理的可能性不存在显著关系。

二、关于凯歌公司判别因素的研究结论

凯歌公司是在 ST 公司类别下，ST 公司在其摘帽之后不会再被 ST 的这一类公司。结合我国 ST 公司"两年连续亏损"这个主要认定标准实质的分析，本书从盈利稳定性指标入手对凯歌公司进行了界定。

本书所认定的凯歌公司具有如下特点：

（1）凯歌公司曾经是 ST 公司；

（2）凯歌公司是"一进宫"ST 公司；

（3）凯歌公司的盈利稳定性表现良好，其盈利稳定性指标（本书中以 ROE 和 ROE 指标标准差的商来表示）位居 ST 已摘帽公司的前列（即该指标由高到低排列的前 50%）。

通过对凯歌公司判别因素的研究，本书得出如下结论：

第一，摘帽公司股票破净的接近程度与成为凯歌公司的可能性呈显著的负相关关系，每股净资产和股价年度均值与成为凯歌公司的可能性呈显著正相关关系。一方面，公司的每股净资产和股价均值越高，成为凯歌公

司的可能性越大；另一方面，股价与每股净资产差值越小，即越接近破净状态，成为凯歌公司的可能性就越大，反之，越远离破净状态（该差值越大），摘帽公司成为凯歌公司的可能性就越小。

总之，上市公司股票股价和每股净资产越高，两者越接近，成为凯歌公司的可能性就越大。

第二，摘帽公司所在地贫富程度与成为凯歌公司的可能性存在着显著的负相关关系。所在地人均 GDP 越高，成为凯歌公司的可能性越小；反之，可能性越大。

第三，摘帽公司的摘帽时间与成为凯歌公司的可能性呈显著的负相关关系。摘帽时间越短，成为凯歌公司的可能性越大，反之，可能性就越小。

第四，在摘帽宣告当年（Z0 年），摘帽公司的收入规模与成为凯歌公司的可能性呈正相关关系。摘帽公司的收入规模越大，成为凯歌公司的可能性越大，反之则越小。

第二节　研究局限

本书最大的局限是模型中包含的变量有限，可能有一些关键变量没有出现在模型之中。虽然作者已经竭尽所能、尽最大努力去收集相关资料、同相关领域的专家咨询并访谈、分析和研判各种类型上市公司亏损的案例，希望能够从根本上探究到"触发"上市公司亏损以致被股票特别处理的关键因素，但直至现在也不得不承认：对于上市公司亏损和股票特别处理实质性影响因素的研究还仅仅处在一个摸索的初期阶段；对凯歌公司判别的更深层次的影响因素的理解和把控还有所欠缺。另外，对于许多关键因素，由于数据的可获得性问题，作者只能退而求其次，用其他替代变量进行代替，因此，所进行的分析就难免存在一定偏颇和片面性。

第三节　未来研究方向

鉴于本书的局限，作者认为，在党的十八大以及十八届三中全会之后，我国确立了全面深化改革、使市场在资源配置中起决定性作用和更好发挥政府作用这个总体发展战略，其对我国资本市场，尤其是股票市场的健康发展至关重要。可以预计，随着股票市场在资源配置中决定性作用的进一步发挥，股市会更加透明和高效，那么，用于本书研究的相关变量的选择会更合理，本书所建立的模型则可以更进一步地加以完善，从而使得所得出的结论逻辑性更强、更符合实际。

附 录

附录 1

我国 493 家 ST 公司发展路径及状态分类表 (1998~2013 年)

股票代码	股票简称	行业	ST 公司发展路径①	状态
000003	PT 金田 A	综合	--AB-BC-AX-----------	退市
000004	国农科技	工业	-AB--BA-------------	"一进宫"一摘
000005	世纪星源	房地产	-----AD-DB----BA------	"一进宫"一摘
000007	零七股份	商业	---AB-BA-----AB-----BA--	"二进宫"一摘
000008	ST 宝利来	商业	----AB-BD-DB-BA--AD-DB-----BA-	"二进宫"一摘
000009	中国宝安	综合	-AB-BA--------------	"一进宫"一摘
000010	SST 华新	工业	--AB-BA-----AD-DB------BA-	"二进宫"一摘
000011	深物业 A	房地产	--AB-----BA---AD-DA-----	"二进宫"一摘
000013	*ST 石化 A	商业	----AB-BD-AX----------	退市
000014	沙河股份	房地产	AB----BA------------	"一进宫"一摘
000015	PT 中浩 A	综合	AB--BC-AX-----------	退市

---

① 笔者利用 EXCEL 中的函数公式对 1998~2013 年各公司的 ST 发展轨迹进行了简化统计，这样，就可以从轨迹中看出各公司在每一年的公司状态。发展路径中，"-"表示一年。因为统计了16 年，因此，每家公司都有 16 个"-"。

续表

股票代码	股票简称	行业	ST 公司发展路径	状态
000017	*ST 中华 A	工业	–AB------BD--DB---BD----	"一进宫"—未摘
000018	ST 中冠 A	工业	---------AB--BD-DB---BD-	"一进宫"—未摘
000020	深华发 A	工业	–AB–BA-----AB-BD-DB---BA-----	"二进宫"—摘
000025	特力 A	商业	--AB------BA--------	"一进宫"—摘
000030	*ST 盛润 A	工业	AB-----BD-DB--BD--DB-BD----DA-	"一进宫"—摘
000033	新都酒店	商业	---AB-BA-----------	"一进宫"—摘
000034	深信泰丰	综合	–AB--BA-----AB-BD-DB--BD-DB-BA---	"二进宫"—摘
000035	*ST 科健	工业	-------DB-BD-DB---BD-DB---	"一进宫"—未摘
000036	华联控股	房地产	-----------AD-DA----	"一进宫"—摘
000038	*ST 大通	房地产	--AB-BA-----AD-------DA-	"二进宫"—摘
000040	宝安地产	房地产	-----AD-DB-BA---------	"一进宫"—摘
000047	ST 中侨	房地产	---AB--AX-----------	退市
000048	康达尔	工业	---AB----BA--AD-DB----BA--	"二进宫"—摘
000049	德赛电池	工业	AB-BA-----AB-BA---------	"二进宫"—摘
000056	*ST 国商	房地产	---------------AD--	"一进宫"—未摘
000058	深赛格	公用事业	---------AD-DB-BA-----	"一进宫"—摘
000068	ST 三星	工业	------------AB---BA-	"一进宫"—摘
000100	TCL 集团	工业	---------AD-DA------	"一进宫"—摘
000150	宜华地产	房地产	----AB--BD-DA--AD-DA------	"二进宫"—摘
000155	*ST 川化	工业	--------------AD-DA-	"一进宫"—摘
000156	华数传媒	公用事业	-------AD-------DA--	"一进宫"—摘
000403	S*ST 生化	工业	---------AD------	"一进宫"—未摘
000405	ST 鑫光	工业	----AB--AX----------	退市
000406	石油大明	工业	--------AX-------	退市
000408	金谷源	商业	--------AD-DB---BD-DB-BA--	"一进宫"—摘
000409	ST 泰复	工业	------AD---DB--BD-DB--BD-DB-BA-	"一进宫"—摘
000411	英特集团	商业	--AB-BC–CB---BA---------	"一进宫"—摘
000412	ST 五环	综合	----AB-AX----------	退市
000413	宝石 A	工业	AB--BA-------AD-DA------	"二进宫"—摘
000415	渤海租赁	公用事业	------------AD-DB---	"一进宫"—未摘
000416	民生投资	商业	---AB-BA-----------	"一进宫"—摘
000418	小天鹅 A	工业	------AD-DA----------	"一进宫"—摘
000420	*ST 吉纤	工业	--------------AD-DA-	"一进宫"—摘
000430	张家界	公用事业	---AB-BA-----AD-DB--BD-DB-BA--	"二进宫"—摘
000498	*ST 丹化	房地产	-----AD-DA---AD------DA-	"二进宫"—摘

股票代码	股票简称	行业	ST 公司发展路径	状态
000502	绿景控股	房地产	-AB--BA-----------	"一进宫"—摘
000503	海虹控股	公用事业	AB--BA-----------	"一进宫"—摘
000504	ST 传媒	公用事业	--AB-BA---------AD-DB--BD-	"二进宫"—未摘
000505	ST 珠江	房地产	-----AD-DB--BD-DA--AD-DB---BD-	"二进宫"—未摘
000506	中润资源	房地产	AB---BA-----AD---DB-BA----	"二进宫"—摘
000507	珠海港	公用事业	-AB-BA-----------	"一进宫"—摘
000508	琼民源	房地产	-AX------------	退市
000509	SST 华塑	工业	--------AD--DB--BD-DB--BD-	"一进宫"—未摘
000511	银基发展	房地产	AB-BA-----------	"一进宫"—摘
000514	渝开发	房地产	----AB-BA----------	"一进宫"—摘
000515	攀渝钛业	工业	AB-BC--CA---------AX-----	退市
000517	荣安地产	房地产	--------AD---DB-BA----	"一进宫"—摘
000518	四环生物	工业	AB-BC-CB-BA---------AD-DA----	"二进宫"—摘
000522	白云山 A	工业	-AB---BA-----------AX-	退市
000526	银润投资	房地产	-AB-BA-----------	"一进宫"—摘
000529	广弘控股	工业	-----AD-DB----------	"一进宫"—未摘
000533	万家乐	工业	----AB-BD-DA----------	"一进宫"—摘
000535	*ST 猴王	工业	---AB---BD-AX---	退市
000536	华映科技	工业	-AB--BC-CB--BD-DB-----BA-----	"一进宫"—摘
000537	广宇发展	房地产	------AD-DA---------	"一进宫"—摘
000540	中天城投	房地产	--------AD-DA---------	"一进宫"—摘
000542	TCL 通讯	工业	------AX----------	退市
000544	中原环保	公用事业	----AB-BD-DA----------	"一进宫"—摘
000545	*ST 吉药	工业	---------AD-DA--AD--DA-	"二进宫"—摘
000546	光华控股	房地产	--AB-BC-CB----BA---------	"一进宫"—摘
000548	湖南投资	公用事业	AB-BA-----------	"一进宫"—摘
000549	S 湘火炬	工业	---------AX-------	退市
000550	江铃汽车	工业	--AB-BA-----------	"一进宫"—摘
000552	靖远煤电	工业	------AD--DA---------	"一进宫"—摘
000555	ST 太光	工业	-AB--BA--AB-BD-DB--BD-DB-----BD-	"二进宫"—摘
000556	PT 南洋	公用事业	-AB--BC-AX------------	退市
000557	*ST 广夏	工业	----AB---BD-DB----BD-	"一进宫"—未摘
000558	莱茵置业	房地产	AB-BA-----------	"一进宫"—摘
000560	昆百大 A	商业	----AB-BD-DB---BA-------	"一进宫"—摘
000561	烽火电子	工业	-----AD----DB---DA-------	"一进宫"—摘

续表

股票代码	股票简称	行业	ST公司发展路径	状态
000566	海南海药	工业	–AB–BA––AB–––BA–––––––––	"一进宫"—摘
000567	海德股份	房地产	––––AB–––BA–––––––––	"一进宫"—摘
000569	长城股份	工业	AB–BA––––––––AD–DA–AX–––––	退市
000570	苏常柴A	工业	––––AD–DA–––––––––	"一进宫"—摘
000571	新大洲A	工业	––––AB––BA–––––––	"一进宫"—摘
000572	海马汽车	工业	––––AB–BD–DB–BA–––––––	"一进宫"—摘
000576	*ST甘化	工业	–––––––––––AD–DB––BD–DA–	"一进宫"—摘
000578	盐湖集团	工业	––––––––AD––DB–BA––AX–––	退市
000583	S*ST托普	公用事业	––––––AB–BD––AX–––––––	退市
000585	*ST东电	工业	––AB––––––BA–––AD–DA––AD–DA–	"三进宫"—摘
000586	汇源通信	工业	––––AB––BA–––––AD–DB–BA–––	"二进宫"—摘
000587	金叶珠宝	工业	––––––AD–DB––BD–DB–BD––DB–BA––	"一进宫"—摘
000588	PT粤金曼	综合	–AB––BC–––––––––––	"一进宫"—摘
000592	中福实业	综合	––AB–––––BD–––DB–BA–––––	"一进宫"—摘
000594	国恒铁路	商业	––––AB––BA––––––––AD–	"二进宫"—未摘
000595	*ST西轴	工业	–––––––––––AD––DA–	"一进宫"—摘
000596	古井贡酒	工业	–––––––AD–DB–BA–––––––	"一进宫"—摘
000598	兴蓉投资	公用事业	––––––––––––DA––––	"一进宫"—摘
000602	金马集团	工业	––AB––BA––––––––––AD–DA–AX–	退市
000603	盛达矿业	工业	––––AB–––BD–––––DB–BA––	"一进宫"—摘
000605	*ST四环	工业	–––––––––AD–DB––––BD–DA–	"一进宫"—摘
000607	华智控股	工业	–AB–BA––––––––––AD–DA–	"二进宫"—摘
000613	ST东海A	商业	–AB––BC–CB–––BD––DB–––––BA–	"一进宫"—摘
000618	吉林化工	工业	––––AB–BD–DB–BA–AX––––––––	退市
000620	新华联	房地产	––––AB–BD–DB–BD–––––DA–––	"一进宫"—摘
000621	*ST比特	公用事业	–––––AD–AX–––––––––	退市
000622	S*ST恒立	工业	–––––––AD–––––––DA–	"一进宫"—摘
000628	高新发展	房地产	––––––––AD–DA–––––	"一进宫"—摘
000629	攀钢钒钛	工业	–––––––––––AD–DA–––	"一进宫"—摘
000631	顺发恒业	房地产	–––––––AD––––DA–––––	"一进宫"—摘
000632	三木集团	商业	––––––––AD–DA–––––	"一进宫"—摘
000633	ST合金	工业	–––––––AD–DB––––––BA–	"一进宫"—摘
000635	英力特	工业	–––––AD–DA–––––––––	"一进宫"—摘
000638	万方地产	商业	––––AB–BD––––––DA–––––	"一进宫"—摘
000639	西王食品	工业	–AB–BA–––––––––––	"一进宫"—摘

股票代码	股票简称	行业	ST公司发展路径	状态
000650	仁和药业	工业	-------AD--DB-BA------	"一进宫"一摘
000653	ST九州	商业	--AB--AX------------	退市
000655	金岭矿业	工业	---------AD-DA------	"一进宫"一摘
000656	金科股份	房地产	----AB---BD-DB---BA---	"一进宫"一摘
000657	*ST中钨	工业	----------AD------DA-	"一进宫"一摘
000658	ST海洋	综合	--AB--AX------------	退市
000660	*ST南华	综合	-----AD-AX----------	退市
000662	*ST索芙	工业	---AB-BA----------AD-DA-	"二进宫"一摘
000669	*ST领先	工业	AB--BA------------AD-DA-	"二进宫"一摘
000670	S*ST天发	房地产	-----AD-DA--AD------DA-	"二进宫"一摘
000672	*ST铜城	工业	--------AD-------DA-	"一进宫"一摘
000673	ST当代	公用事业	--------AD-DB---DB--BA-	"一进宫"一摘
000675	ST银山	工业	---AB-AX------------	退市
000676	ST思达	工业	------------AD-DB-BD-	"一进宫"一未摘
000677	*ST海龙	工业	------------AB-BD-DA-	"一进宫"一摘
000678	襄阳轴承	工业	----AB-BD-DB-BA---------	"一进宫"一摘
000681	*ST远东	公用事业	----------AB-BD-----DA-	"一进宫"一摘
000682	东方电子	工业	----AB--BA----------	"一进宫"一摘
000683	远兴能源	工业	-------AD-DA--------	"一进宫"一摘
000688	*ST朝华	工业	--------AD-------DA-	"一进宫"一摘
000689	ST宏业	工业	--AB--AX------------	退市
000691	亚太实业	房地产	------AB-BD-DB---BD---DA--	"一进宫"一摘
000692	惠天热电	工业	---------AD-DB--BA----	"一进宫"一摘
000693	S*ST聚友	工业	--------AD-------	"一进宫"一未摘
000695	滨海能源	工业	-----AD--DA---------	"一进宫"一摘
000697	炼石有色	工业	---------AD---DA--	"一进宫"一摘
000699	S*ST佳纸	工业	----AB---BD--AX-------	退市
000703	恒逸石化	工业	------------AD-DB---	"一进宫"一未摘
000710	天兴仪表	工业	-----AD-DB---BA-----	"一进宫"一摘
000716	南方食品	工业	---------AD-DB--BD-DA---	"一进宫"一摘
000718	苏宁环球	房地产	-----AB-BD--DB-BA-------	"一进宫"一摘
000719	大地传媒	公用事业	--------AB--BD----DA---	"一进宫"一摘
000720	*ST能山	工业	----------AD-DB--BD-DA-	"一进宫"一摘
000722	湖南发展	工业	---------AD----DA--	"一进宫"一摘
000723	美锦能源	工业	----AB-BA-----------	"一进宫"一摘

股票代码	股票简称	行业	ST公司发展路径	状态
000725	京东方A	工业	---------AD-DA------	"一进宫"一摘
000728	国元证券	金融	---------DA--------	"一进宫"一摘
000730	*ST环保	综合	-----AD-AX---------	退市
000732	泰禾集团	房地产	--------AD----DB-BA---	"一进宫"一摘
000735	罗牛山	综合	---------AD-DA------	"一进宫"一摘
000736	中房地产	房地产	------AB--BD-DB----BA---	"一进宫"一摘
000737	南风化工	工业	--------------AD-DA--	"一进宫"一摘
000738	中航动控	工业	----AB--BA--AD----BA---	"二进宫"一摘
000748	长城信息	工业	---------AD-DA------	"一进宫"一摘
000750	国海证券	金融	--------AD--DB-BD-DB-BA---	"一进宫"一摘
000751	*ST锌业	工业	-----------AD-DA--AD--	"二进宫"一未摘
000757	*ST方向	工业	----------AD-----DA-	"一进宫"一摘
000760	博盈投资	工业	-------AD-DA-----AD-DA---	"二进宫"一摘
000761	本钢板材	工业	-----AB-BA---------	"一进宫"一摘
000763	锦州石化	工业	--------AX--------	退市
000765	*ST华信	商业	-----AD--AX--------	退市
000766	通化金马	工业	------AB-BD-DA-------	"一进宫"一摘
000767	*ST漳电	工业	---------------AD-DA-	"一进宫"一摘
000769	*ST大菲	综合	-----AD-AX---------	退市
000776	广发证券	金融	------AD-DA--------	"一进宫"一摘
000779	三毛派神	工业	--------AD-DB--BA-----	"一进宫"一摘
000780	平庄能源	工业	--------AD-DB--BA-----	"一进宫"一摘
000783	长江证券	金融	---------DA--------	"一进宫"一摘
000787	*ST创智	公用事业	--------AD-------DX-	退市
000788	西南合成	工业	---AB----BA-------	"一进宫"一摘
000789	江西水泥	工业	--------AD-DA------	"一进宫"一摘
000791	甘肃电投	工业	-----AD-DB-BA------	"一进宫"一摘
000799	酒鬼酒	工业	------AD-DA--AD-DA-----	"二进宫"一摘
000801	四川九洲	工业	-----AD-DB--BA------	"一进宫"一摘
000802	北京旅游	公用事业	------AD-DB-BA------	"一进宫"一摘
000805	*ST炎黄	公用事业	------AB-BD-------DX-	退市
000806	*ST银河	工业	--------------AD-DA-	"一进宫"一摘
000809	铁岭新城	公用事业	-----AD-DB-BA---------	"一进宫"一摘
000813	天山纺织	工业	------AD-DA--------	"一进宫"一摘
000815	*ST美利	工业	--------------AD-DA-	"一进宫"一摘

续表

股票代码	股票简称	行业	ST公司发展路径	状态
000816	江淮动力	工业	------AD-DA---------	"一进宫"一摘
000817	辽河油田	工业	--------AX--------	退市
000818	方大化工	工业	-----------AB-BD-DB-BA--	"一进宫"一摘
000820	*ST金城	工业	------AD-DA---AD---DA-	"二进宫"一摘
000826	桑德环境	公用事业	----AB-BD-DA---------	"一进宫"一摘
000827	*ST长兴	工业	------AD-AX---------	退市
000831	*ST关铝	工业	-------------AD---DA-	"一进宫"一摘
000832	*ST龙涤	工业	------AD--AX--------	退市
000838	*ST国兴	房地产	---AB---BA---------AD-DA-	"二进宫"一摘
000851	高鸿股份	商业	----AB-BD-DB-BA---------	"一进宫"一摘
000856	冀东装备	工业	-----AD--DA-AD-DB--DA-	"二进宫"一摘
000862	银星能源	工业	-------AD-DB-BA------	"一进宫"一摘
000863	三湘股份	房地产	-------AB-BD------DA--	"一进宫"一摘
000866	扬子石化	工业	--------AX-------	退市
000880	潍柴重机	工业	--------AD--DB-BA------	"一进宫"一摘
000885	同力水泥	工业	----AB--BD--BD-DB-BA------	"一进宫"一摘
000887	中鼎股份	工业	-------AB-DB--BA-----	"一进宫"一摘
000892	*ST星美	公用事业	--------AB-BD--DB--BD--DA-	"一进宫"一摘
000893	东凌粮油	工业	----AB-BA-----------	"一进宫"一摘
000899	*ST赣能	工业	--------------AD-DA-	"一进宫"一摘
000902	中国服装	商业	------------AD-DA---	"一进宫"一摘
000906	物产中拓	商业	----------AD-DA-----	"一进宫"一摘
000908	ST天一	工业	-------AD-DA----AD-DB--BD-	"二进宫"一未摘
000918	嘉凯城	房地产	--------AD--DB-BD-----	"一进宫"一未摘
000920	南方汇通	工业	----------AD-DA-----	"一进宫"一摘
000921	ST科龙	工业	----AB-BA---AD-DB------BA-	"二进宫"一摘
000922	ST佳电	工业	--------AD-DB--BD-DB--BA-	"一进宫"一摘
000925	众合机电	工业	-------AD--DB-BA-----	"一进宫"一摘
000927	一汽夏利	工业	-----AD-DA----------	"一进宫"一摘
000928	中钢吉炭	工业	--------AD-DB--BA----	"一进宫"一摘
000931	中关村	房地产	-------AD-DA---------	"一进宫"一摘
000935	四川双马	工业	---------AD-DB-BA----	"一进宫"一摘
000950	建峰化工	工业	------AD-DB--BA------	"一进宫"一摘
000951	中国重汽	工业	------AD--DA--------	"一进宫"一摘
000953	ST河化	工业	------------AD-DB--BD-	"一进宫"一未摘

股票代码	股票简称	行业	ST公司发展路径	状态
000955	ST欣龙	工业	----------AD-DB---BA-	"一进宫"—摘
000956	中原油气	工业	--------AX--------	退市
000958	ST东热	工业	----------AD-DB--BD-	"一进宫"—未摘
000965	天保基建	房地产	---------AD-DA------	"一进宫"—摘
000967	上风高科	工业	--------AD-DA------	"一进宫"—摘
000971	ST迈亚	工业	---------AD-DB----BA-	"一进宫"—摘
000972	*ST中基	工业	--------------AD-DA-	"一进宫"—摘
000976	春晖股份	工业	------------AD-DA---	"一进宫"—摘
000979	中弘股份	房地产	--------AD-DB--BD-DA----	"一进宫"—摘
000980	金马股份	工业	-----AD-DB-BA--------	"一进宫"—摘
000981	银亿股份	房地产	------AB-BD---DB-BA--	"一进宫"—摘
000982	中银绒业	工业	---------AD-DA------	"一进宫"—摘
000993	闽东电力	工业	--------AD-DA------	"一进宫"—摘
000995	ST皇台	工业	------AD-DA----AD-DB---BA-	"二进宫"—摘
001696	宗申动力	工业	--AB----BA----------	"一进宫"—摘
001896	豫能控股	工业	------------AD-DA---	"一进宫"—摘
002002	ST金材	工业	----------AB-BD-DB---BA-	"一进宫"—摘
002019	*ST鑫富	工业	--------------AD-DA-	"一进宫"—摘
002072	ST德棉	工业	----------AD-DB--BA-	"一进宫"—摘
002075	沙钢股份	工业	---------AB-BD--DA---	"一进宫"—摘
002102	*ST冠福	工业	--------------AD-DA-	"一进宫"—摘
002113	ST天润	房地产	-----------AB-BD-DB-BA-	"一进宫"—摘
002114	*ST锌电	工业	--------------AD-DA-	"一进宫"—摘
002145	中核钛白	工业	----------AB-BD--DA--	"一进宫"—摘
002200	*ST大地	综合	-------------AD---	"一进宫"—未摘
600001	邯郸钢铁	工业	----------AX-----	退市
600002	齐鲁石化	工业	--------AX--------	退市
600003	ST东北高	公用事业	---------AB---AX---	退市
600052	浙江广厦	房地产	---------AD-DA-----	"一进宫"—摘
600053	中江地产	房地产	-----AD--DB--BA-------	"一进宫"—摘
600057	象屿股份	公用事业	----AB-BA-----AD---DA---	"二进宫"—摘
600065	*ST联谊	工业	--------AD---------	"一进宫"—未摘
600074	中达股份	工业	-------------AD-DB-AD-	"二进宫"—未摘
600076	*ST华光	工业	--------AD-DB--BD-DB--BD-DA-	"一进宫"—摘

续表

股票代码	股票简称	行业	ST 公司发展路径	状态
600077	宋都股份	房地产	------AD-DA-----AD-DB---	"二进宫"—未摘
600080	金花股份	工业	---------AD-DB--BD-DB-BA--	"一进宫"—摘
600082	海泰发展	综合	----AB-BA----------	"一进宫"—摘
600083	ST 博信	工业	AB--BC--CB-----BD-DB---BD-DB-BA-	"一进宫"—摘
600084	中葡股份	工业	---------AD-DB--BD-DB-BA--	"一进宫"—摘
600086	东方金钰	工业	-------AD-DA--------	"一进宫"—摘
600087	*ST 长油	公用事业	--------------AD--	"一进宫"—未摘
600090	啤酒花	工业	-----AB--BD-DB--BA------	"一进宫"—摘
600091	ST 明科	工业	--------------AD-DB---	"一进宫"—未摘
600092	S*ST 精密	工业	-------AD-AX--------	退市
600093	禾嘉股份	工业	---------AD-DA-------	"一进宫"—摘
600094	大名城	房地产	---------AD----DB-BA--	"一进宫"—摘
600097	开创国际	综合	--AB--BA-----------	"一进宫"—摘
600101	明星电力	工业	---------AD-DA------	"一进宫"—摘
600109	国金证券	金融	---AB--BA--------	"一进宫"—摘
600115	东方航空	公用事业	-----------AB-BA----	"一进宫"—摘
600130	波导股份	工业	-----------AD-DB--BA--	"一进宫"—摘
600131	岷江水电	工业	-----------AD-DA---	"一进宫"—摘
600136	道博股份	商业	--------AD-DB--BA---	"一进宫"—摘
600137	浪莎股份	工业	--AB-BA-AB-BD-DB--BD-DB-BA------	"二进宫"—摘
600139	西部资源	工业	------AD-DB-BA--AD-DB-BA-----	"二进宫"—摘
600145	国创能源	工业	------------AD-DB-BA--	"一进宫"—摘
600146	大元股份	工业	-------AD-DA--------	"一进宫"—摘
600149	廊坊发展	综合	-----------AB---DB--	"一进宫"—未摘
600150	中国船舶	工业	---AB-BA-----------	"一进宫"—摘
600155	*ST 宝硕	工业	---------AD-------	"一进宫"—未摘
600156	华升股份	工业	------AD-DA---------	"一进宫"—摘
600159	大龙地产	房地产	----AB-DB--BA------	"一进宫"—摘
600167	联美控股	工业	---AB--BA----------	"一进宫"—摘
600173	卧龙地产	房地产	--------AD-DB-BA------	"一进宫"—摘
600179	黑化股份	工业	------------AD-DB-BA--	"一进宫"—摘
600180	瑞茂通	商业	---------AD---DB-BA--	"一进宫"—摘
600181	S*ST 云大	工业	-------AD--AX------	退市
600182	S 佳通	工业	-----AD--DA---------	"一进宫"—摘
600185	格力地产	房地产	----------AD-DA----	"一进宫"—摘

股票代码	股票简称	行业	ST公司发展路径	状态
600187	国中水务	公用事业	-------AD----DB-BA----	"一进宫"—摘
600190	锦州港	公用事业	-----AB-BA----------	"一进宫"—摘
600198	大唐电信	工业	---------AD-DB-BA-----	"一进宫"—摘
600199	金种子酒	工业	-------AD-DB-BA-------	"一进宫"—摘
600203	福日电子	商业	------AD-DB-BA-----AD-DB--	"二进宫"—摘
600205	S山东铝	工业	---------AX-------	退市
600207	安彩高科	工业	---------AD-DB----BA--	"一进宫"—摘
600209	罗顿发展	综合	--------AD-DB-BA--AD-DB-BA-	"二进宫"—摘
600212	江泉实业	综合	-----------AD-DA-----	"一进宫"—摘
600213	亚星客车	工业	-------AD--DB-BA-----	"一进宫"—摘
600217	秦岭水泥	工业	--------AD-DB-BD--DB-BA--	"一进宫"—摘
600223	鲁商置业	房地产	-----------AD-DB--BA---	"一进宫"—摘
600225	天津松江	房地产	--------AD---DB-BA----	"一进宫"—摘
600228	昌九生化	工业	--------------AD-DB--	"一进宫"—未摘
600234	ST天龙	工业	-----AD-DB--BD-DB--BD-DB---BD-	"一进宫"—未摘
600240	华业地产	房地产	----------AD-DA---------	"一进宫"—摘
600242	中昌海运	公用事业	--------AD---DB--BA---	"一进宫"—摘
600248	延长化建	房地产	--------AD--DB-BA----	"一进宫"—摘
600250	*ST南纺	商业	--------------AD-DA--	"一进宫"—摘
600253	天方药业	工业	-----------AD-DA---AX-	退市
600259	广晟有色	工业	--------AD--DB-BA----	"一进宫"—摘
600265	ST景谷	综合	--------------AB-BD-	"一进宫"—未摘
600275	武昌鱼	房地产	----------AD-DB---BA--	"一进宫"—摘
600281	太化股份	工业	-------------AD-DB--	"一进宫"—未摘
600286	S*ST国瓷	工业	-------AD--AX-------	退市
600296	S兰铝	工业	---------AX-------	退市
600299	蓝星新材	工业	------------AD-DB-BA--	"一进宫"—摘
600301	南化股份	工业	------------AD-DB-BA-AD-	"一进宫"—摘
600313	中农资源	商业	-----AD--DA-AB---BD--DB-BA--	"一进宫"—摘
600329	中新药业	工业	-----------AD-DA-----	"一进宫"—摘
600335	国机汽车	商业	------AD-DB-BA-----AD-DA--	"二进宫"—摘
600338	*ST珠峰	工业	-----AB-BD-DB-------BD-DA-	"一进宫"—摘
600340	华夏幸福	房地产	-----------AD-DB-BA--	"一进宫"—摘
600355	精伦电子	工业	------------AD-DB-BA--	"一进宫"—摘
600357	承德钒钛	工业	-----------AX-----	退市

续表

股票代码	股票简称	行业	ST 公司发展路径	状态
600359	*ST 新农	综合	--------------AD-DA-	"一进宫"—摘
600365	通葡股份	工业	--------------AD-DA--	"一进宫"—摘
600369	西南证券	金融	-------AD-DB--BD-DA-----	"一进宫"—摘
600372	中航电子	工业	-----------AD--DB-BA---	"一进宫"—摘
600373	中文传媒	公用事业	--------------AD-DA---	"一进宫"—摘
600381	贤成矿业	工业	---------AD-DB----BA-AB-	"二进宫"—未摘
600385	*ST 金泰	工业	-----AB-BD-DB--BD-DB----BD--	"一进宫"—未摘
600386	北巴传媒	商业	---------AD-DA------	"一进宫"—摘
600392	*ST 天成	工业	--------------AD-DA-	"一进宫"—摘
600401	海润光伏	工业	----------AD----DB--	"一进宫"—未摘
600419	新疆天宏	工业	--------AD-DB-BD-DB---BA--	"一进宫"—摘
600421	*ST 国药	工业	---------AB-BD-DB--BD--	"一进宫"—未摘
600429	三元股份	工业	--------AD-DB-BA------	"一进宫"—摘
600444	国通管业	工业	------------AD-DB-BA-AD-	"二进宫"—未摘
600455	ST 博通	综合	-----------AD--DB-BA-	"一进宫"—摘
600462	*ST 石岘	工业	--------AD-DB--BD---DA-	"一进宫"—摘
600466	迪康药业	工业	---------AD-DB-BA-----	"一进宫"—摘
600472	包头铝业	工业	---------AX-------	退市
600490	中科合臣	工业	----------AD-DB-BA--	"一进宫"—摘
600503	华丽家族	房地产	------AB-BD-DB--BA------	"一进宫"—摘
600506	香梨股份	综合	----------AD-DB--BA--	"一进宫"—摘
600515	海岛建设	商业	-------AB-BD-DB---BD-DB-BA--	"一进宫"—摘
600516	方大炭素	工业	--------AD-DB-BA------	"一进宫"—摘
600532	宏达矿业	工业	--------------DA--	"一进宫"—未摘
600538	北海国发	工业	----------AD-DB-BA-AD-	"一进宫"—未摘
600539	ST 狮头	工业	--------------AB---	"一进宫"—未摘
600552	方兴科技	工业	---------AD-DA------	"一进宫"—摘
600553	太行水泥	工业	--------------AX---	退市
600556	*ST 北生	工业	---------AB-BD-----DB-	"一进宫"—未摘
600562	高淳陶瓷	工业	------------AD-DB-BA--	"一进宫"—摘
600568	中珠控股	工业	---------AD-DB-BA--	"一进宫"—摘
600576	万好万家	商业	----------AD-DA------	"一进宫"—摘
600579	*ST 黄海	工业	---------AD-DB----BD--	"一进宫"—未摘
600591	*ST 上航	公用事业	-----------AD-AX----	退市
600599	熊猫烟花	工业	----------AD-DA------	"一进宫"—摘

续表

股票代码	股票简称	行业	ST公司发展路径	状态
600603	*ST兴业	综合	----AB-BD-DB--------BD--	"一进宫"—未摘
600604	市北高新	房地产	---------AD-DB--BD-DA--	"一进宫"—摘
600606	金丰投资	房地产	AB-BA--------------	"一进宫"—摘
600607	上实医药	综合	------------AX----	退市
600608	ST沪科	工业	--------AD-DB--BD-DB--BA-	"一进宫"—摘
600609	金杯汽车	工业	-------AD-DB-BA--AD-DB-BA--	"二进宫"—摘
600610	S中纺机	工业	-AB----BA----AD-DB----BA-	"一进宫"—摘
600613	永生投资	工业	-----AD---DA--------	"一进宫"—摘
600614	鼎立股份	工业	--------AD-DB-BA------	"一进宫"—摘
600615	丰华股份	房地产	-----AD--DB--BA-------	"一进宫"—摘
600617	ST联华	综合	-----AB-BD---DA--AB-BD-DB--BD-	"二进宫"—未摘
600622	嘉宝集团	房地产	----AB-BA---------	"一进宫"—摘
600625	PT水仙	工业	-AB-BC-AX------------	退市
600627	上电股份	工业	---------AX------	退市
600629	棱光实业	工业	--AB-----BD--DB-BA-	"一进宫"—摘
600631	百联股份	商业	------------AX---	退市
600632	华联商厦	商业	------AX----------	退市
600633	浙报传媒	公用事业	AB-BC---CA-------AD--DA---	"二进宫"—摘
600634	ST澄海	商业	------------AD--DB--	"一进宫"—未摘
600645	中源协和	公用事业	--------AD-DB-----BA--	"一进宫"—摘
600646	ST国嘉	公用事业	----AB-AX----------	退市
600647	同达创业	房地产	AB-------BA---------	"一进宫"—摘
600656	ST博元	商业	--------AD--DB-----BA-	"一进宫"—摘
600657	信达地产	房地产	--------AD-DB--BA----	"一进宫"—摘
600658	电子城	房地产	--AB-BA------------	"一进宫"—摘
600659	*ST花雕	综合	------AD--AX-------	退市
600669	*ST鞍成	工业	----AB-BD-AX----------	退市
600670	*ST斯达	综合	AB-----BD-AX-------	退市
600671	ST天目	工业	---------AB-BA---AD-DB-BA-	"二进宫"—摘
600672	*ST华圣	综合	-----AB-BD-AX---------	退市
600678	*ST金顶	工业	-----------AB--BD--DA-	"一进宫"—摘
600681	ST万鸿	综合	------AD-DB--BD----DB--BA-	"一进宫"—摘
600683	京投银泰	房地产	--AB-BA-------------	"一进宫"—摘
600691	*ST东碳	工业	-AB-BA----AD-DB--BD-DB--BD---DA-	"二进宫"—摘
600695	大江股份	工业	-----AD-DB--BD-DB-BA------	"一进宫"—摘

续表

股票代码	股票简称	行业	ST公司发展路径	状态
600696	多伦股份	房地产	--AB-BA-------------	"一进宫"一摘
600698	*ST轻骑	工业	----AB---------BD--DB-	"一进宫"一未摘
600699	均胜电子	工业	---------AD-DB--BD-DB-BA--	"一进宫"一摘
600700	*ST数码	综合	------AD-AX---------	退市
600701	工大高新	综合	------------AD-DA----	"一进宫"一摘
600703	三安光电	工业	---AB-BA----AD--DB-BA-----	"二进宫"一摘
600705	ST航投	金融	---------AD------DB-BA-	"一进宫"一摘
600706	曲江文旅	公用事业	----------AD-DB----BA--	"一进宫"一摘
600709	ST生态	综合	----AB-AX----------	退市
600711	盛屯矿业	工业	----------AD-DB----BA---	"一进宫"一摘
600714	金瑞矿业	工业	----------AD-DB---BA---	"一进宫"一摘
600715	松辽汽车	工业	-AB-BA--AB-BD-DB--BD-DB----BD-DB--	"二进宫"一未摘
600716	凤凰股份	房地产	---------AD-DB--BA----	"一进宫"一摘
600721	百花村	工业	--AB-BC-CA----AD-DB----BA---	"二进宫"一摘
600722	ST金化	工业	---------AD-DB--BD-DB--BA-	"一进宫"一摘
600727	鲁北化工	工业	----------AD--DB-BA---	"一进宫"一摘
600728	佳都新太	公用事业	--------AD-DB---DB-BA---	"一进宫"一摘
600733	S*ST前锋	房地产	---------------AD-DA-	"一进宫"一摘
600734	实达集团	商业	---AB-BA----AD--DB-BA-----	"二进宫"一摘
600735	新华锦	工业	------AD-DB--BD-DA---	"一进宫"一摘
600737	中粮屯河	工业	------AB--BD-DA-------	"一进宫"一摘
600738	兰州民百	商业	-----AD-DB-BA---------	"一进宫"一摘
600740	山西焦化	工业	------------AD-DA---	"一进宫"一摘
600743	华远地产	房地产	---AB--------BA-------	"一进宫"一摘
600745	中茵股份	房地产	---AB--BA----AD--DB-BA-----	"二进宫"一摘
600749	西藏旅游	公用事业	------AD-DA----------	"一进宫"一摘
600751	SST天海	公用事业	-----AB-BD---DB-BD-DB----BA-	"一进宫"一摘
600752	*ST哈慈	工业	------AD-AX---------	退市
600753	东方银星	商业	---AB------BA-------	"一进宫"一摘
600757	长江传媒	公用事业	---------AD-DB--BD-DB-BA--	"一进宫"一摘
600758	红阳能源	工业	-AB-BA---AD-DB----BA----	"二进宫"一摘
600759	正和股份	房地产	-AB--BC-CB---BD-DB-BA------	"一进宫"一摘
600760	中航黑豹	工业	-----AD-DB----BA---AD-	"二进宫"一未摘
600762	S*ST金荔	综合	--AB-BA----AB---------	"一进宫"一未摘
600763	通策医疗	公用事业	---AB----BD-DB-BA-------	"一进宫"一摘

股票代码	股票简称	行业	ST公司发展路径	状态
600766	*ST园城	工业	-----AD-DB--BD-DA-----AB-BD-DA-	"二进宫"—摘
600767	运盛实业	房地产	-------AD-DB-BA-------	"一进宫"—摘
600768	宁波富邦	工业	---AB--BA-----------	"一进宫"—摘
600769	ST祥龙	工业	-----AD-DA------AD-DB--BD-	"二进宫"—未摘
600771	ST东盛	工业	----------AB-----BA-	"一进宫"—摘
600772	S*ST龙昌	公用事业	-------AB-BD	"一进宫"—未摘
600773	西藏城投	房地产	--------AD-DB--BD-DA----	"一进宫"—摘
600775	南京熊猫	工业	-AB-BA------------	"一进宫"—摘
600776	东方通信	工业	------AD-DA----------	"一进宫"—摘
600781	上海辅仁	工业	-----AD-DB--BD-DA-------	"一进宫"—摘
600784	鲁银投资	工业	-----AD-DA----------	"一进宫"—摘
600786	东方锅炉	工业	----AB-BA-----AX------	退市
600788	*ST达曼	工业	------AB-AX---------	退市
600792	云煤能源	工业	----AB-BA-----AD-DB--BD---	"二进宫"—未摘
600793	ST宜纸	工业	-----AB-BA----AD-DB	"一进宫"—未摘
600799	*ST龙科	公用事业	----AB--BD-AX---------	退市
600800	天津磁卡	工业	--------AD--DB----BA--	"一进宫"—摘
600806	昆明机床	工业	--AB-BA------------	"一进宫"—摘
600807	天业股份	房地产	-----AD-DB-BD-DA----	"一进宫"—摘
600813	ST鞍一工	工业	AB----AX-----------	退市
600816	安信信托	金融	-------AD-DA----------	"一进宫"—摘
600817	*ST宏盛	综合	----------AB-BD----DB-	"一进宫"—未摘
600818	中路股份	工业	-AB--BC-CB---BA------	"一进宫"—摘
600828	成商集团	商业	---------AD-DA-------	"一进宫"—摘
600831	广电网络	公用事业	AB----BA-----------	"一进宫"—摘
600833	第一医药	商业	-AB-BC--CA----------	"一进宫"—摘
600837	海通证券	金融	AB-BC---CA-----------	"一进宫"—摘
600840	新湖创业	房地产	-----------AX-----	退市
600842	中西药业	工业	----AB-BD-DB--BA----AX----	退市
600844	丹化科技	工业	------AD--DB--BA------	"一进宫"—摘
600845	宝信软件	公用事业	--AB-BC-CA---------	"一进宫"—摘
600847	万里股份	工业	-AB-BA---AB-BD-DB-----BA--	"二进宫"—未摘
600848	自仪股份	工业	----AB------BA-----	"一进宫"—摘
600849	上药转换	商业	-----------AX----	退市
600852	*ST中川	房地产	AB--BA----AD-AX----	退市

股票代码	股票简称	行业	ST 公司发展路径	状态
600853	龙建股份	房地产	---AB--BA-----------	"一进宫"—摘
600854	春兰股份	工业	---------AD--DB---BA--	"一进宫"—摘
600855	航天长峰	工业	CB--BC--CA-----------	"一进宫"—摘
600858	银座股份	商业	----AB-BD-DB-BA---------	"一进宫"—摘
600860	北人股份	工业	-------------AD-DB-BA--	"一进宫"—摘
600862	南通科技	房地产	AB-BA---AB-BD--DB--BD-DA------	"二进宫"—摘
600864	哈投股份	工业	------AB----------	"一进宫"—未摘
600868	梅雁吉祥	工业	----------AD-DB---BA--	"一进宫"—摘
600869	三普药业	工业	------AD-DA---------	"一进宫"—摘
600870	ST 厦华	工业	----AB--BA----AD--DB---BA-	"二进宫"—摘
600873	梅花集团	工业	------AD--DA---------	"一进宫"—摘
600874	创业环保	公用事业	-AB--BA-------------	"一进宫"—摘
600876	洛阳玻璃	工业	-AB-BA----AD-DA----AD-DB--BA---	"三进宫"—摘
600877	*ST 嘉陵	工业	--------------AD-DA-	"一进宫"—摘
600878	*ST 北科	综合	------AD-AX----------	退市
600882	华联矿业	工业	--------------DA--	"一进宫"—摘
600885	ST 宏发	工业	------------AD-DB--BA-	"一进宫"—摘
600886	国投电力	工业	------AD-DA----------	"一进宫"—摘
600887	伊利股份	工业	--------------AD-DA----	"一进宫"—摘
600890	中房股份	房地产	---------AD-DB-BD-DB--BA--	"一进宫"—摘
600891	秋林集团	商业	------AD--DB-BD-DB---BA---	"一进宫"—摘
600892	ST 宝诚	商业	AB---BA---AD--DB--BD-DB--BD-DB-BA-	"二进宫"—摘
600893	航空动力	工业	---AB---BA-----------	"一进宫"—摘
600894	广日股份	工业	--------------DA--	"一进宫"—摘
600898	三联商社	商业	-AB--BC--CA------AD--DB---	"二进宫"—未摘
600899	*ST 信联	公用事业	------AB-BD-AX---------	退市
600984	建设机械	工业	---------AD-DB--BD-DB-BA--	"一进宫"—摘
600988	ST 宝龙	工业	---------AD-DB--BD-DB--BA-	"一进宫"—摘

附录2

两年连亏ST公司与配对样本表[①]

ST样本代码	公司简称	ST公告年	配对样本代码	公司简称	行业[②]
000068	华控赛格	2010	000547	闽福发A	计算机、通信和其他电子设备制造业
000629	攀钢钒钛	2010	000762	西藏矿业	黑色金属矿采选业
000676	*ST思达	2010	000836	鑫茂科技	电气机械及器材制造业
000703	恒逸石化	2010	000615	湖北金环	化学纤维制造业
000831	五矿稀土	2010	000962	东方钽业	有色金属冶炼及压延加工业
000902	*ST中服	2010	000705	浙江震元	批发业
000908	天一科技	2010	000777	中核科技	通用设备制造业
000953	*ST河化	2010	000565	渝三峡A	化学原料及化学制品制造业
000958	*ST东热	2010	000037	深南电A	电力、热力生产和供应业
000976	春晖股份	2010	000584	友利控股	化学纤维制造业
001896	豫能控股	2010	000543	皖能电力	电力、热力生产和供应业
600077	宋都股份	2010	600215	长春经开	房地产业
600091	ST明科	2010	600796	钱江生化	化学原料及化学制品制造业
600131	岷江水电	2010	600505	西昌电力	电力、热力生产和供应业
600145	国创能源	2010	600883	博闻科技	非金属矿物制品业
600179	黑化股份	2010	600333	长春燃气	石油加工、炼焦及核燃料加工业
600299	蓝星新材	2010	600309	万华化学	化学原料及化学制品制造业
600301	*ST南化	2010	600367	红星发展	化学原料及化学制品制造业
600355	精伦电子	2010	600485	中创信测	计算机、通信和其他电子设备制造业
600444	国通管业	2010	600260	凯乐科技	橡胶和塑料制品业
600455	博通股份	2010	600783	鲁信创投	综合

[①] 本章样本研究所用数据主要来源于国泰安经济金融研究数据库（CSMAR）、相关上市公司公告和沪深两地交易所网站；本书数据分析所采用的统计软件为STATA 11.2。

[②] 行业按照证监会2012年公布的行业分类标准划分。板块中"0"表示深市板块，"6"表示沪市板块。为便于进一步数据处理，本书将2012~2009年4年依次划分为1~4类。

续表

ST 样本代码	公司简称	ST 公告年	配对样本代码	公司简称	行业
600490	鹏欣资源	2010	600746	江苏索普	化学原料及化学制品制造业
600538	北海国发	2010	600796	钱江生化	化学原料及化学制品制造业
600562	国睿科技	2010	600485	中创信测	计算机、通信和其他电子设备制造业
600634	ST 澄海	2010	600687	刚泰控股	批发业
600740	山西焦化	2010	600725	云维股份	石油加工、炼焦及核燃料加工业
600769	*ST 祥龙	2010	600249	两面针	化学原料及化学制品制造业
600860	京城股份	2010	600560	金自天正	专用设备制造业
600885	宏发股份	2010	600537	亿晶光电	电气机械及器材制造业
000595	西北轴承	2011	000777	中核科技	通用设备制造业
000737	南风化工	2011	000990	诚志股份	化学原料及化学制品制造业
600074	*ST 中达	2011	600260	凯乐科技	橡胶和塑料制品业
600203	福日电子	2011	600605	汇通能源	批发业
600228	昌九生化	2011	600746	江苏索普	化学原料及化学制品制造业
600335	国机汽车	2011	600755	厦门国贸	批发业
600365	通葡股份	2011	600543	莫高股份	酒、饮料和精制茶制造业
600539	ST 狮头	2011	600291	西水股份	非金属矿物制品业
600698	ST 轻骑	2011	600654	飞乐股份	汽车制造业
600715	松辽汽车	2011	600148	长春一东	汽车制造业
600766	园城黄金	2011	600311	荣华实业	有色金属矿采选业
000056	*ST 国商	2012	000668	荣丰控股	房地产业
000155	川化股份	2012	000510	金路集团	化学原料及化学制品制造业
000420	吉林化纤	2012	000584	友利控股	化学纤维制造业
000605	渤海股份	2012	000606	青海明胶	医药制造业
000662	索芙特	2012	000565	渝三峡 A	化学原料及化学制品制造业
000767	漳泽电力	2012	000875	吉电股份	电力、热力生产和供应业
000806	银河投资	2012	000836	鑫茂科技	电气机械及器材制造业
000815	美利纸业	2012	000833	贵糖股份	造纸及纸制品业
000838	国兴地产	2012	000886	海南高速	房地产业
000899	赣能股份	2012	000601	韶能股份	电力、热力生产和供应业
000972	新中基	2012	000702	正虹科技	农副食品加工业
600087	*ST 长油	2012	600428	中远航运	水上运输业
600250	南纺股份	2012	600128	弘业股份	批发业
600338	西藏珠峰	2012	600456	宝钛股份	有色金属冶炼及压延加工业
600359	新农开发	2012	600371	万向德农	农业

ST 样本代码	公司简称	ST 公告年	配对样本代码	公司简称	行业
600385	*ST 金泰	2012	600513	联环药业	医药制造业
600392	盛和资源	2012	600456	宝钛股份	有色金属冶炼及压延加工业
600579	*ST 黄海	2012	600260	凯乐科技	橡胶和塑料制品业
600603	大洲兴业	2012	600620	天宸股份	综合
600733	S 前锋	2012	600747	大连控股	房地产业
000555	神州信息	2013	000938	紫光股份	计算机、通信和其他电子设备制造业
600760	中航黑豹	2013	600081	东风科技	汽车制造业

参考文献

[1] DeAngelo H., DeAngelo L. Dividend Policy and Financial Distress: An Empirical Investigation of Troubled NYSE Firms [J]. Journal of Finance, 1990, 45（5）: 1415-1431.

[2] Fathi Elloumi, Jean-Pierre Gueyié. Financial Distress and Corporate Governance: An Empirical Analysis [J]. Corporate Governance, 2001（1）: 15-23.

[3] Altman, Edward. Financial Ratios, Discriminant Analysis and the Prediction of Corporate Bankruptcy [J]. Journal of Finance, 1968（23）: 589-609.

[4] Merwin C. L. Financial Small Corporations: In Five Manufacturing Industries 1926-1936 [M]. National Bureau of Economic Research, 1942, New York, Arno Press, 1979.

[5] Ohlson, James. Financial Ratios and the Probabilistic Prediction of Bankruptcy [J]. Journal of Accounting Research 1980（18）: 109-131.

[6] Beaver W. H. Financial Ratios as Predictors of Failure [J]. Journal of Accounting Research, 1966（4）: 71-102.

[7] Burgstahler D., Dichev I. Earnings Management to Avoid Earnings Decreases and Losses [J]. Journal of Accounting and Economics, 1997（24）: 443-477.

[8] Jiang G., Wang L. How Far Would Management Go to Manage Earnings?

The Evidence from China [D]. Working Paper, Peking University, 2002.

[9] David S., Jenkins. The Transitory Nature of Negative Earnings and the Implications for Earnings Prediction and Stock Valuation [J]. Review of Quantitative Finance and Accounting, 2003 (1): 379-404.

[10] Tyler Shumway. Forecasting Bankruptcy More Accurately: A Simple Hazard Model [J]. The Journal of Business, 2001 (74): 101-124.

[11] Daniel W. Collins, Morton Pincus and Hong Xie. Equity Valuation and Negative Earnings: The Role of Book Value of Equity[J]. The Accounting Review, 1999 (74): 29-61.

[12] Skinner, Douglas J. and Soltes, Eugene F. What do Dividends Tell us About Earnings Quality? [J]. Review of Accounting Studies, 2009 (16): 399-409.

[13] Richard G., Sloan. Do Stock Prices Fully Reflect Information in Accruals and Cash Flows about Future Earnings? [J]. The Accounting Review, 1996 (71): 289-315.

[14] Hayn C. The Information Content of Losses [J]. Journal of Accounting and Economics, 1995 (20): 125-153.

[15] Bae, Kee-Hong and Kang, Jun-Koo and Kim, Jin-Mo. Tunneling or Value Added? Evidence from Mergers by Korean Business Groups [J]. The Journal of Finance, 2002 (57): 2695-2740.

[16] Ray Ball and Ross Watts. Some Time Series Properties of Accounting Income [J]. The Journal of Finance, 1972 (27): 663-681.

[17] Jan C., Ou J. The Role of Negative Earnings in the Valuation of Equity Stocks [J]. The Accounting. Review, 1995 (1): 357-368.

[18] David C. Burgstahler and Ilia D. Dichev. Earnings, Adaptation, and Equity Value [J]. The Accounting Review, 1997 (72): 187-215.

[19] Edward I. Altman. Financial Ratios, Discriminant Analysis and the Prediction of Corporate Bankruptcy [J]. The Journal of Finance, 1968 (23):

589–609.

［20］M.E. Barth，W.H. Beaver，W.R. Landsman. Relative Valuation Roles of Equity Book Value and Net Income as a Function of Financial Health［J］. Journal of Accounting and Economics，1998（25）：1–34.

［21］Edward B. Deakin. A Discriminant Analysis of Predictors of Business Failure［J］. Journal of Accounting Research，1972（10）：167–179.

［22］黄运潮. 透视"ST族"［J］. 经贸导刊，1998（12）：32–33.

［23］石巧荣. 对我国股市中"ST"、"PT"阵容不断扩大现象的分析［J］. 经济师，2000（5）：39–40.

［24］秦锋. ST板块现状与出路探析［J］. 改革与战略，2002（5）：17–21.

［25］纪寿乐. 亏损上市公司面对摘牌厄运的思考［J］. 天津商学院学报，2002（4）：42–44.

［26］赵琳. 我国ST公司资本结构的实证研究［J］. 齐鲁论坛，2004（3）：27.

［27］宫兴国，吴宏媛，陈海妹. ST公司亏损原因剖析［J］. 经济论坛，2004（5）：116.

［28］徐念榕，黄宪，郝国梅. 背景路径问题——老ST公司分析［J］. 金融界，1999（7）：35–37.

［29］戴娜. ST公司的资产重组和盈余管理［J］. 证券市场导报，2001（1）：71–75.

［30］赵国忠. ST公司财务特征分析［J］. 审计与经济研究，2008（9）：47–52.

［31］扬薇，王伶. 关于ST公司扭亏的分析［J］. 财政研究，2002（4）.

［32］钟新桥. 亏损上市公司非经常性损益操纵分析［J］. 经济师，2004（9）：131–132.

［33］卢冶飞，许智豪. ST上市公司操纵资产减值准备探析［J］. 浙江统计，2005（12）：10–11.

［34］吕长江，赵宇恒. ST公司生命轨迹的实证分析［J］. 经济管理，

2006（4）：44–51.

[35] 唐齐鸣，黄素心. ST 公布和 ST 撤销事件的市场反应研究 [J]. 统计研究，2006（11）：43–47.

[36] 姜国华，王汉生. 上市公司连续两年亏损就应该被 "ST" 吗 [J]. 北京大学光华管理学院经济研究，2005（3）：100–107.

[37] 姜国华，王汉生. 财务报表分析与上市公司 ST 预测的研究 [J]. 审计研究，2004（6）：60–63.

[38] 颜秀春. 当前我国上市公司 ST 制度存在的问题及对策 [J]. 财经视线，2008（21）：71–72.

[39] 秦锋. ST 板块现状与出路探析 [J]. 改革与战略，2000（5）：17–21.

[40] 李艳玲，钱锐. 新会计准则对 ST 公司摘帽方式的影响研究 [J]. 会计之友，2008（3）：91–92.

[41] 陈静. 上市公司财务恶化预测的实证研究 [J]. 会计研究，1999（4）：32–39.

[42] 蔡红艳，韩立岩. 上市公司财务状况判定模型研究 [J]. 审计研究，2003（1）：62–64.

[43] 李瑜，陈可，刑煜芝. 中国上市公司财务预警分析报告 [J]. 北京大学光华管理学院课程报告，2004.

[44] 刘洪，何光军. 基于人工神经网络方法的上市公司经营失败预警研究 [J]. 会计研究，2004（2）：25–30.

[45] 金春蕾，郭炜，王宗军. 我国上市公司财务失败预警模型的评析 [J]. 商业研究，2003（12）：88–90.

[46] 陆建桥. 中国亏损上市公司盈余管理实证研究 [J]. 会计研究，1999（9）：25–35.

[47] 杨方文，袁雪. 基于指标变动幅度的财务预警模型探析：以夏新电子为例 [J]. 财会通讯，2010（2）：33–35.

[48] 董红. 财务危机预警指标解析 [J]. 财会研究，2006（4）：49–50.

[49] 田青，王宝帅. 基于数据挖掘技术的上市公司财务预警模型的比

较研究［J］.中国管理科学，2010（18）：283-286.

［50］郑鹏，李雅宁.企业财务风险预警指标体系改进的研究［J］.天津大学学报，2012（14）：502-507.

［51］王亚平，吴联生，白云霞.盈余管理的频率与幅度：参数估计模型与实证分析［D］.北京大学工作论文，2004.

［52］姜国华.证券市场监管的经济效益——近年来国际学术界研究成果综述［D］.北京大学工作论文，2004.

［53］姜国华，王汉生.信用与市场参与：关于证券市场有效监管的思考［N］.中国证券报，2005.

［54］毕金玲.关于上市公司财务困境原因的思考［J］.科技与经济，2006（19）：95-96.

［55］白重恩等.中国上市公司治理结构的实证研究［J］.经济研究，2005（2）：81-91.

［56］曹德芳.基于股权结构的财务危机预警模型构建［J］.南开管理评论，2005（12）：85-90.

［57］查尔斯.财务报表分析利用财务会计信息［M］.北京：中国财政经济出版社，1996.

［58］陈磊.基于比例危险和主成分模型的公司财务困境预测［J］.财经问题研究，2007（7）：93-96.

［59］陈文俊.企业财务困境研究综述［J］.湖北社会科学，2005（6）：89-91.

［60］陈小悦，徐晓东.股权结构、企业绩效与投资者利益保护［J］.经济研究，2001（11）：3-11+94.

［61］陈晓，陈治鸿.中国上市公司财务困境预测［J］.中国会计与财务研究，2000（3）.

［62］陈晓，江东.股权多元化、公司业绩与行业竞争性［J］.经济研究，2000（8）：28-35+80.

［63］陈信元，张田余.资产重组的市场反应［J］.经济研究，1999

（9）：47-55.

[64] 陈燕，廖冠民. 大股东行为、公司治理与财务危机 [J]. 当代财经，2006（5）：111-115.

[65] 陈永忠，高勇. 上市公司壳资源利用理论与实务 [M]. 北京：人民出版社，2004.

[66] 邓晓岚等. 非财务视角下的财务困境预警——对中国上市公司的实证研究 [J]. 管理科学，2006（3）：71-80.

[67] 方秩强，夏立军，李莫愁. 控制权转移后公司业绩变化的影响因素分析 [J]. 财经研究，2006（1）：53-64.

[68] 高培业，张道奎. 企业失败判别模型实证研究 [J]. 统计研究，2000（10）：46-51.

[69] 龚小君，王光华. 我国财务预警研究的回顾与展望——20 世纪90 年代以来国内财务预警研究评析 [J]. 重庆邮电学院学报（社会科学版），2005（2）：186-188.

[70] 顾银宽. 基于主成分的财务危机预警模型及实证研究 [J]. 江苏工业学院学报（社会科学版），2006（1）：17-21.

[71] 韩臻聪. 我国上市公司财务危机的成因浅探 [J]. 财会月刊（理论版），2006（1）：48-52.

[72] 郝其友，傅冠男，辛万光. 财务预警模型实证研究综述 [J]. 山东经济，2006（2）：110-114.

[73] 何晓群，黄旭安. 中国上市公司财务危机问题的个案诊断 [J]. 中国经济评论，2003（5）.

[74] 黄世忠，叶丰滢. 上市公司报表粉饰新动向：手段、案例与启示 [J]. 财会通讯，2006（1）：42-45.

[75] 江向才，林玓. 公司治理与财务困难公司效果之研究 [J]. 南开管理评论，2001（5）：91-97.

[76] 蒋秀华，孙铮. 治理弱化与财务危机：一个预测模型 [J]. 南开管理评论，2001（5）：78-84.

[77] 姜天，韩立岩.基于 Logit 模型的中国预亏上市公司财务困境预测 [J].北京航空航天大学学报（社会科学版），2004（1）：54-58.

[78] 李秉成.企业财务困境研究 [M].北京：中国财政经济出版社，2004.

[79] 李秉成.企业财务困境形成过程研究 [J].当代财经，2004（1）：109-112.

[80] 李俊秀.上市公司财务失败内因分析 [J].山西煤炭管理干部学院学报，2006（4）：33-34.

[81] 李豫湘，胡新良.公司治理结构与财务危机关系研究综述 [J].财会通讯（学术版），2007（11）：94-96+103.

[82] 刘红霞，张心林.以主成分分析法构建企业财务危机预警模型 [J].中央财经大学学报，2004（4）：86-90.

[83] 吕长江，徐丽莉，周琳.上市公司财务困境与财务破产的比较分析 [J].经济研究，2004（8）：64-73.

[84] 吕长江，赵岩.上市公司财务状况分类研究 [J].会计研究，2004（11）：53-61+97.

[85] 吕长江，赵岩.中国上市公司特别处理的生存分析 [J].中国会计评论，2004（2）：311-338.

[86] 吕长江，周现华.上市公司财务困境预测方法的比较研究 [J].吉林大学社会科学学报，2005（6）：99-109.

[87] 宁向东，张海文.关于上市公司"特别处理"作用的研究 [J].会计研究，2001（8）：15-21.

[88] 谭一可，张玲，岳柳.引入非财务变量的企业破产预测方法研究 [J].科技和产业，2005（10）：33-36.

[89] 檀向球.上市公司报表和实质性资产重组鉴别与分析 [J].统计研究，1999（12）：15-19.

[90] 田宇松等.财务失败预警模型研究综述 [J].当代财经，2006（10）：97-98.

155

[91] 王春霞.关于中国上市公司财务危机预警模型的实证研究——基于 2002~2004 年新增 ST 公司 [J].山东理工大学学报（社会科学版），2006（3）：40-43.

[92] 王海荣，叶剑.西方财务危机理论简评 [J].财会月刊，2004（7）：39-40.

[93] 王宏炜.我国上市公司财务困境预测模型比较研究 [J].现代财经，天津财经学院报，2004（5）：57-60.

[94] 王家琪，孙玲玲.大股东占用上市公司资金的实证分析 [J].统计与决策，2005（24）：115-117.

[95] 王今，韩文秀，侯岚.西方企业财务危机预测方法评析 [J].中国软科学，2002（6）：110-113.

[96] 王俊秋.大股东控制与资金占用的实证研究 [J].工业技术经济，2006（6）：142-145+149.

[97] 王克敏，姬美光.基于财务与非财务指标的亏损公司财务预警研究——以公司 ST 为例 [J].财经研究，2006（7）：63-72.

[98] 王平.企业陷入财务困境的理论分析 [J].财会月刊，2003（10）：45-48.

[99] 王强.企业失败定位研究 [J].北京工业大学学报，2002（1）：85-88.

[100] 王淑娟.国外企业破产制度模式比较与启示 [J].河北理工学院学报（社科版），2001（3）：41-43+48.

[101] 吴超鹏，吴世农.基于价值创造和公司治理的财务状态分析与预测模型研究 [J].经济研究，2005（11）：99-110.

[102] 肖艳.上市公司财务困境预警的 Logit 模型实证研究 [J].湖南工程学院学报（社会科学版），2004（4）：11-14.

[103] 徐玮.2000 年中期至 2002 年上市公司重大资产重组实证研究报告 [J].中国并购评论，2003（1）.

[104] 薛野.财务困境对公司业绩的影响研究述评 [J].山东工商学院

学报，2005（5）：62-66.

[105] 严真红.我国企业财务风险的成因及其防范［J］.江西财经大学学报，2001（4）：38-40.

[106] 原红旗，吴星宇.资产重组对财务业绩影响的实证研究［N］.上海证券报，1998-08-26.

[107] 袁卫秋.上市公司财务困境预测模型——基于会计信息和公司治理信息的实证研究［J］.河北经贸大学学报，2006（5）：63-71.

[108] 曾宏，陈新桂，胡宇玲.财务困境上市公司资本结构选择研究［J］.重庆建筑大学学报，2006（3）：119-122.

[109] 张培莉，蒋燕妮.退市风险警示与财务困境关系研究［J］.会计之友，2006（10）：83-85.

[110] 张秋会，田高良.上市公司财务危机实时预警机制研究［J］.西安科技大学学报，2005（1）：96-98.

[111] 章之旺，劲君利.财务困境预测研究中应注意的几个问题［J］.统计与决策，2004（11）：57-60.

[112] 周守华，杨济华，王平.论财务危机的预警分析——F分数模型［J］.会计研究，1996（8）：32-37.

[113] 朱家安，陈志斌.我国财务困境预测实证研究文献综述和分析［J］.会计之友，2007（4）：22-24.

[114] 朱顺泉.基于因子分析法的上市公司财务状况评价研究［J］.统计与信息论坛，2004（4）：44-48.

[115] 屠巧平.ST公司资产重组扭亏效应分析［J］.商丘师范学院学报，2003（4）：67-69.

[116] 张继德，王嘉琦."ST股"僵而不死的原因、问题和对策——从ST九发资产重组所想到的［J］.会计之友，2012（24）：92-95.

[117] 吴永贺.ST类上市公司资产重组模式的探讨［J］.经济研究导刊，2010（9）：33-34.

[118] 徐温馨.ST力阳资产重组案例解析［J］.会计之友，2012（27）：

48-50.

[119] 金莹. ST 上市公司资产重组模式的探讨 [J]. 财会研究，2011 (8)：47-49.

[120] 石巧荣. 对我国股市中"ST"、"PT"阵容不断扩大现象的分析 [J]. 经济师，2000 (5)：39-40.

[121] 任汝娟. 基于财务指标的 ST 公司资产重组效应的实证分析 [J]. 中国管理信息化，2009 (6)：37-39.

[122] 吴志军. 论上市公司资产重组的问题与对策 [J]. 当代财经，2002 (6)：64-67.

[123] 檀向球，提云涛，强立. 上市公司报表性和实质性资产重组鉴别与分析 [J]. 证券市场导报，1999 (6)：49-54.

[124] 蔡祥. 上市公司被接管之后的资产重组行为分析 [J]. 中国会计评论，2004 (2)：259-272.

[125] 江海莹. 上市公司资产重组存在问题及对策研究 [J]. 中国管理信息化，2013 (4)：12-13.

[126] 陆玉梅. 上市公司资产重组的绩效分析——2001 年沪市 A 股实证研究 [J]. 辽宁工程技术大学学报（社会科学版），2003 (3)：29-31.

[127] 姚禄仕，李胜南. 上市公司资产重组绩效的实证研究 [J]. 财会月刊，2007 (29)：18-20.

[128] 徐涵江. 上市公司资产重组绩效评价研究 [J]. 财经研究，2000 (10)：30-33.

[129] 赵元华，丁忠民. 上市公司资产重组绩效研究综述 [J]. 重庆工商大学学报·西部经济论坛，2003 (5)：72-74+107.

[130] 袁艺. 上市公司资产重组及会计监管创新 [J]. 财会通讯，2011 (24)：17-19.

[131] 唐志雄. 上市公司资产重组中存在问题及原因探讨 [J]. 西部财会，2006 (1)：38-41.

[132] 慕刘伟，谢恒. 我国上市公司资产重组的阶段特征与发展原则

[J].金融研究，2001（4）：106-113.

[133] 王福胜，孙逊，李勋.我国上市公司资产重组绩效的实证研究[J].会计之友下旬刊，2008（1）：80-83.

[134] 赵丽萍，王莉.我国上市公司资产重组问题研究［J］.山西财经大学学报，2012（S2）：17.

[135] 刘黎，欧阳政.中国 ST 公司资产重组绩效实证研究［J］.经济视角，2010（12）：44-46.

[136] 李善民等.中国上市公司资产重组长期绩效研究［J］.管理世界，2004（9）：131-136.

[137] 苏艳丽，庄新田，哈敏.中国上市公司资产重组绩效及影响因素分析［J］.东北大学学报（自然科学版），2008（2）：287-291.

[138] 洪金珠.中国上市公司资产重组绩效实证研究［J］.财贸研究，2004（2）：50-58.

[139] 李善民，李珩.中国上市公司资产重组绩效研究［J］.管理世界，2003（11）：126-134.

[140] 李宜静，牛成喆.中小型国有企业资产重组的绩效分析［J］.财会研究，2008（1）：65-67.

[141] 王胜."股票溢价之谜"理论述评［J］.经济评论，2004（5）：104-107.

[142] 王震强，李泱.境外资本市场退市制度与运行经验分析［J］.投资研究，2011（3）：13-17.

[143] 吕长江，韩慧博.财务困境、财务困境间接成本与公司业绩［J］.南开管理评论，2004（3）：80-85.

[144] 中华人民共和国财政部.企业会计准则——应用指南 2006[M].北京：中国财政经济出版社，2006.